AF158857

Impressum:

Besuchen Sie uns im Internet:
www.herzsprung-verlag.de

Herausgegeben von CAT creativ - www.cat-creativ.at
Bearbeitung

im Auftrag von

© 2023 – Herzsprung-Verlag
Mühlstraße 10 – 88085 Langenargen
info@herzsprung-verlag.de
Alle Rechte vorbehalten.
Erstauflage 2023

Das Werk einschließlich aller seiner Teile ist urheberrechtlich geschützt.

Coverbild: © Elena Schweizer Adobe Stock lizenziert

Gedruckt in Polen / Bookpress

ISBN: 978-3-99051-157-2 - Taschenbuch
ISBN: 978-3-99051-158-9 - E-Book

Eins, zwei, drei

Erziehung ist doch ... (keine) Hexerei

Herausgegeben von
Martina Meier

Herzsprung-Verlag

Buchtipp

ISBN 978-3-86196-887-0, M. Meier (Hrsg.), Taschenbuch, 100 S.

Wir wollen sie erzählen, die kleinen und großen Geschichten vom kleinen und großen Glück – für kleine und große Leute. Unsere Gedichte, Haikus, Märchen, Erzählungen drehen sich genau um das, was uns allen so wichtig ist ... glücklich zu sein.

Zuletzt kannst du es spüren,
das Glück kann nur dein Herz berühren,
wenn du dich frei machst von materiellen Dingen.
Jetzt kann dein Herz vor Leichtigkeit springen! (Katja Lippert)

Inhalt

Kartoffelkind	7
Lügen erlaubt?	10
Max und Mama – Alles wird besser. Oder nicht?	13
Kinderwut	15
Wie die böse Hexe böse wurde	17
Wenn ein Kind wüsste …	24
Die fünf Gebote meiner Mutter	26
Mama, warum hab ich zwei Papas?	33
Wutausbrüche und anderes	45
Grün wie die Hoffnung	49
Die Hirnforschung hat festgestellt	55
Blöder Mama	57
Nur Geduld	63
Herz über Kommerz	66
Ist-Zustand heute	68
Der Auszug	69
Lebensschmiede	77
Trampelpfade	80
Mit den lieben Kleinen	84
Sinnstapfen	85
Wer erzieht hier wen, man sich fragt …	90
Und trotzdem lieb' ich dich	92
Zeugnistag – oder Die Klassenfahrt nach Wien	95
Schuhleidenschaft	98

Inhalt

Liebe ist alles	100
„Mach mir mal 'ne Vorschreibung"	104
Erziehung im Wandel	106
Nachwuchs mit magischen Kräften	110
Lust auf Frust?!	117

Die Autorinnen und Autoren dieses Buches:

Julia Lohn, Hermann Bauer, Cindy Paver, Liza Moriani, Nanja Holland, Dörte Müller, Sieglinde Seiler, Vanessa Boecking, Volkmar Trepte, Luna Day, Gabrielle Jesberger, Beccy Charlatan, Valerie Schussel, Andreas Rucks, Christian Imhof, Charlie Hagist, Andreas Rucks, Oliver Fahn, Thomas Krieg, Wolfgang Rödig, Rebekka Tünker, Ingrid Baumgart-Fütterer, Monika Schlößer, Luitgard Kasper-Merbach, Priska Fiebig, Catamilla Bunk, Juliane Barth.

Kartoffelkind

Die Tränchen sind für den Moment getrocknet und hinterlassen silbrig glänzende Spuren auf den roten Wangen des Kleinkindes. Auch sein Blick wird silbern und durchscheinend, die müden Augen hypnotisiert von den Bewegungen meiner Hände. Kartoffeln schälen. Eine nach der anderen. Ich sitze ganz rechts an der langen Seite des Tisches, neben mir, also vor Kopf, steht der hölzerne Kinderstuhl. Ich höre das tiefe Ausatmen. Nach der kurzen Stille ein gutes Anzeichen, dass der letzte Wutanfall vorübergeht. Ich beobachte nur aus dem Augenwinkel.

Das ist wie bei wilden Tieren, niemals provokant in die Augen schauen. Seit gestern Abend kein Fieber mehr, aber die Nase läuft und die Nacht war unruhig. Um uns herum Reste des verschmähten Frühstücks. Die Marmelade war doch nicht die richtige, die Enttäuschung schließlich auf beiden Seiten groß. Nichts geht mehr. Da habe ich die Schüssel geholt, den Schäler und das rote Messerchen und auch ein Stück alte Zeitung. Aus der Garage schließlich das Netz mit den Kartoffeln, immer noch begleitet von wütenden, verheulten Ausrufen aus dem Esszimmer. Nein, ich mache dir kein neues Brot!

Meine Oma hatte einen kühlen Kartoffelkeller. Da passten säckeweise Kartoffeln rein, noch braun, voll mit Erde. Die Kartoffeln von uns sind abgepackt, 2,5 Kilo, vorwiegend festkochend. Erde ist hier nicht mehr dran. Aber der Kartoffelschäler, der sieht genauso aus wie bei meiner Oma: bewegliche Klinge, kleine Spitze, um die Augen zu erwischen.

Ich bin bereits bei der siebten Kartoffel. Wir beide schauen schweigend zu, wie die Linien sich miteinander verbinden und die gelben Körper in die Schüssel hüpfen. Meine Oma hat fast täglich Kartoffeln geschält. Für Salzkartoffeln, Bratkartoffeln, Kartoffelpüree (mit wahnsinnig viel Butter) oder Stiftkartoffeln, die roh in die Pfanne wanderten und die ich geliebt habe.

Ihr Tisch, an dem wir gesessen und sie die Kartoffeln geschält hat, war etwas kleiner als unserer und mit einer Wachstischdecke versehen, darunter eine Bügelunterlage, denn er war nun einmal auch ihr Bügeltisch. Wir haben hier stundenlang gesessen, Mühle gespielt und Mikado, Rübenkrautbrote gegessen oder Rosinenstuten mit Butter. Und manchmal durften meine Schwester und ich Tischtennis auf dem Küchentisch spielen. Mitten in Omas Wohnküche mit dem alten Futonsofa. Hier habe ich immer gelegen, wenn ich krank war und nicht zur Schule oder in den Kindergarten konnte.

„Kann ich ein Stück?", fragt das Kind unvermittelt und schaut mich kurz an. Dann ist sein Blick wieder auf die Kartoffel in meiner Hand gerichtet. Ich schneide ein dünnes Stück Kartoffel ab und reiche es ihm mit der rechten Hand, in welcher ich das Messerchen halte. Das Hümmeken.

„Das schmeckt noch nicht gut, die Kartoffeln müssen erst in den Ofen", erkläre ich. Ich muss schmunzeln, als ich sehe, wie die kleine Zunge an dem Stückchen entlangfährt und es ausgiebig untersucht. Als Kind mochte ich den Geschmack roher Kartoffeln, zumindest kleiner Schnitze. Das Marmeladenbrot scheint vorerst vergessen. Wenn ich bei Oma geweint habe, dann eigentlich nur, weil ich Ärger bekommen hatte und sie mich getröstet hat. Mit Oma gestritten habe ich kaum. Ihre Wohnung im Obergeschoss war ein ruhiger Ort, einer mit klaren Abläufen und einer bollernden Heizung in der Küche.

Die kleinen Fingerchen fangen an, nach der offenen Dose mit Äpfeln und Kohlrabi-Stückchen auf dem Tisch zu greifen. Die Schüssel mit den Kartoffeln wird voller. Die nächste Kartoffel gleitet durch meine Hände in den Topf und mehr und mehr habe ich die Räume vor meinem inneren Auge und die Gerüche meiner Kindheit. Es riecht nach Caro-Kaffee in der Küche und nach der alten Holzanrichte. Ganz oben drauf, für Kinderhände nicht erreichbar, steht das große Glas mit den Eukalyptusbonbons. Nach denen hat sie immer gerochen. Ich sehe den kleinen Holzschemel vor dem Fenster mit dem eingelassenen Heizkörper, von wo aus wir Autos gezählt und auf Mamas Dienstschluss gewartet haben. So langsam müsste es ausreichen für heute Mittag. Ganz genau weiß ich noch gar nicht, was es geben wird. Ich hoffe, dass noch ein Päckchen Quark und ein paar Kräuter in der Gefrierkombi zu finden sind. Ich merke, wie meine Schultern sich entspannt haben und meine Atmung fließt. Das Kind sitzt weiterhin müde, aber entspannt im Stühlchen, als ich Backpapier und Blech bemühe. Und während wir beide gemeinsam in unsere ganz eigenen Gedanken versunken dasitzen, sehe ich sie im Augenwinkel links von mir. Sie sitzt bei uns am Tisch, in einer ihrer bunten Kittelschürzen. Sie lächelt, als sie den kleinen Berg an Kartoffelschalen erblickt und lässt ihren Blick dann weiter schweifen, erst zu mir und dann zu ihrem Urenkel mit den klebrig-roten Wangen.

„Noch ein Kartoffelkind!", entfährt es ihr leise und ich nehme die kleine, warme Hand rechts von mir in meine.

Julia Lohn, Jahrgang 1987, ist Lehrerin und wohnt mit Mann und Kind im nordrhein-westfälischen Soest.

Lügen erlaubt?

Vor Kurzem besuchte ich Sofie und Lothar. Wie immer ging es bei den Gesprächen ausschließlich um das verwöhnte und von den Eltern, vor allem aber den Großeltern verhätschelte Kind.

Sofie war ganz aus dem Häuschen, da sie festgestellt hatte, dass ihre elfjährige Tochter Sybille lügt. Sie fand das unmöglich, Lothar dagegen störte es nicht sonderlich. Er stopfte genüsslich seine Pfeife mit Tabak, stülpte sich seinen Kopfhörer über die Ohren und hörte im Radio die Fußball-Liveberichte aus den Stadien. Ich verzog mich mit Sofie in die Küche. Sie schenkte mir ein kühles Weißbier ein und bereitete das Abendessen vor.

„Stell dir vor", sagte sie entrüstet, „ich habe Sybille schon mehrfach dabei ertappt, dass sie lügt. Vor einer Woche fragte ich sie, ob die Mathematik-Schulaufgabe schon von der Lehrerin korrigiert worden sei, und sie sagte Nein, die Arbeit werde erst nächste Woche herausgegeben, was nicht stimmte. Sie hatte eine Fünf geschrieben und wollte mir das entweder verheimlichen oder die Frist hinausschieben."

Ich nahm einen kräftigen Schluck Bier, wischte mir den Schaum vom Mund und sagte: „Da müsste man die Ursachen bekämpfen. Vielleicht bist du etwas zu streng mit ihr. Könnte das der Grund dafür sein, dass sie lügt? Hättest du sie denn bestraft?"

„Begeistert bin ich natürlich nicht, wenn sie so schlechte Noten nach Hause bringt", meinte Sofie in einem energischen Ton. Dann erzählte sie weiter: „Der Hammer kommt aber jetzt erst. Vor einiger Zeit feierten wir Geburtstag. Sybille durfte ausnahmsweise länger aufbleiben. Ich sagte ihr, sie müsse dann dafür am nächsten Tag bis zehn Uhr schlafen. Sie stand aber schon um sieben Uhr auf, was an sich nicht schlimm gewesen wäre. Lothar war im Garten und mähte den Rasen. Da hörte ich, wie Sybille das Fenster öffnete und zu ihm sagte: *Papa, du sagst aber nicht der Mama, dass ich schon so früh aufgestanden bin.* Und Lothar antwortete grinsend: *Nein, ich sage nichts, ich schweige wie ein Grab.* Lothar animierte sie sozusagen zum Lügen. Dann legte sich Sybille kurz vor zehn Uhr wieder ins Bett. Ich sollte annehmen, da ich auch erst um zehn Uhr aufstand, sie hätte ebenfalls bis zehn Uhr geschlafen." Sofie wartete nun auf meine Reaktion und sah mich erwartungsvoll an.

„Vielleicht wollte dir Sybille damit eine Freude machen, dass sie als Frühaufsteherin bis zehn Uhr im Bett bleibt", meinte ich. „So schlimm finde ich das Ganze nicht. Für mich ist das eine harmlose Notlüge."

Jetzt kam Lothar in die Küche, setzte sich zu mir an den Tisch und meldete: „Bayern hat 3:1 gewonnen."

Sybille kam ebenfalls in die Küche, begrüßte mich, schnappte sich eine Banane und fragte: „Ist hier schon wieder dicke Luft?" Dann verschwand sie, um Klavier zu üben.

Sofie unterrichtete Lothar über das, was wir in seiner Abwesenheit gesprochen hatten. Er schüttelte den Kopf und meinte: „Ich sehe das wesentlich anders als Sofie. Es kann passieren, dass ein Kleinkind, wenn es zu spät zum Kindergarten kommt, als Entschuldigung sagt, ein grüner Elefant habe vor der Eingangstür gestanden und es nicht hineingelassen. Kinder in diesem Alter können zwischen Fantasie und Lüge noch nicht unterscheiden. Die glauben sogar später selbst diese Fantasien. Kinder, die den Kindergarten besuchen, merken sehr schnell, dass man gewisse Vorteile hat, wenn man lügt, dass sich die Balken biegen. Diese Erkenntnis setzt sich dann in der Schule fort. Und im Berufsleben wird man heute täglich gezwungen zu lügen. Ein Außendienstler, der vom Kunden gefragt wird, ob das Produkt gut sei, kann dem Kunden doch nicht zum Produkt der Konkurrenz raten, sollte dies besser sein. Ich als Rechtsanwalt werde täglich mit Lügen konfrontiert. Es wird nirgends so viel gelogen wie in Zivilprozessen. Mir geht es da nicht anders. Wenn ich weiß, das Alibi meines Mandanten steht auf wackligen Beinen, dann werde ich zwar nicht unbedingt lügen, aber geschickt von der Sache ablenken, um den Brei herumreden und nicht näher darauf eingehen. Es gibt Fälle, da wurden Arbeitnehmer vom Arbeitgeber gefeuert, nur weil sie sich weigerten, vor Gericht einen falschen Eid zu schwören. Vor dem Arbeitsgericht hat der Arbeitnehmer so gut wie keine Chancen. Da steht dann Aussage gegen Aussage. So ist die momentane Rechtsprechung. Wer im Berufsleben Karriere machen will, darf nicht zimperlich sein, muss manchmal ein korruptes Schwein sein. Die Konkurrenz schläft nicht. Die Anständigen und Ehrlichen werden gerade in schlechten Zeiten die Dummen und Verlierer sein und auf der Strecke bleiben. Es gibt einen Bestseller von Ute Ehrhardt, der heißt *Gute Mädchen kommen in den Himmel, böse überall hin.* Dieser Titel bringt es auf den Punkt, was ich meine. Die Geschichte mit den angeblichen Lügen von Sybille finde ich harmlos, nicht der Rede wert, ja einfach lächerlich. Für mich ist das nicht mal eine Notlüge. Sie wollte nur ablenken. Man kann natürlich aus jeder Mücke einen Elefanten machen."

Sofie meinte: „Vielleicht sollte man unterscheiden zwischen Berufsleben, wo es manchmal nötig ist zu lügen, und dem Privatleben. Man kann doch zumindest zu Hause ehrlich bleiben."

Lothars Stimme wurde jetzt lauter: „Wie soll denn ein elfjähriges Mädchen das unterscheiden. Es ist damit einfach überfordert."

In diesem Moment kam Sybille fröhlich zur Tür hereingestürmt. Ihre Mutter sagte: „Sybille, du kannst hierbleiben, wir essen gleich." Das Gespräch war damit, ohne dass wir ein von uns allen akzeptiertes Ergebnis erzielt hätten, schlagartig beendet, und wir widmeten uns wesentlich unverfänglicheren Themen.

Hermann Bauer, *geboren 1951, lebt in seiner Geburtsstadt München. Seit 1988 Veröffentlichungen von Kurzgeschichten, Reisereportagen, Märchen und Lyrik in Büchern, Anthologien, Zeitschriften, Zeitungen und Kalendern in Deutschland, Österreich, der Schweiz, Frankreich und als Übersetzung in Vietnam. Seit 2014 schreibt er auch Theaterstücke. Tritt gelegentlich auch als Kabarettist und Gospelsänger auf. www.shen-bauer.de.*

Max und Mama
Alles wird besser. Oder nicht?

Der fünfzehnjährige Max kommt von der Schule nach Hause und seine Mutter empfängt ihn fröhlich an der Haustür.

„Hallo mein Schatz, wie war es?"

Max sieht die Mutter genervt an und läuft an ihr vorbei. Dann streift er sich die Schuhe ab und wirft seinen schwarzen Rucksack in den Flur.

„Mäxchen, ich habe dir dein Lieblingsessen gekocht. Bratkartoffeln mit Würstchen!"

Max rennt immer zwei Stufen auf einmal nehmend nach oben und knallt die Badezimmertür.

„Geh ruhig erst mal auf Toilette, du hattest ja einen langen Tag. Ich tue dir das Essen schon mal auf!"

Max kommt in Jogginghose und Sweatshirt herunter, setzt sich widerwillig an den Küchentisch, fängt an, sich das Essen in den Mund zu schaufeln.

„Jetzt erzähl mal. Wie war es denn heute?"

„Wie immer."

„Ist etwas passiert?"

„Nein. Was soll passiert sein?"

„Hast du Mathe zurück?"

„Nein."

„War deine Englischlehrerin wieder krank?"

„Nein."

„Hast du viel auf?"

„Nein."

Max ist fertig und rennt wieder nach oben. Die Tür knallt. Die Mutter spült den Teller ab und macht die Kochplatte sauber. Draußen am Fenster geht eine junge Mutter vorbei, die einen Buggy schiebt. Der kleine Junge wirft seinen Schnuller auf den Gehweg.

Mäxchens Mutter rennt heraus und hebt den Schnuller auf. Sie will ihn der jungen Mutter geben, läuft hinter ihr her und ruft: „Sie haben etwas verloren!"

Die junge Mutter dreht sich um. Sie sieht verheult und traurig aus, hat schwarze Ringe unter den Augen. Der Junge im Buggy schreit herum und will sich abschnallen. Die junge Mutter wischt sich verstohlen eine Träne aus dem Augenwinkel. „Vielen Dank!", haucht sie. „Ich habe letzte Nacht kaum geschlafen. Und die Nacht davor auch nicht ...!"

Mäxchens Mutter sieht sie mitleidig an. „Es wird besser, es wird alles besser!", sagt sie beruhigend.

Die junge Mutter lächelt dankbar und zieht weiter. Nachdenklich geht Mäxchens Mutter zurück ins Haus. „Wird es das wirklich?", fragt sie sich leise.

Dörte Müller, *geboren 1967, arbeitet als Lehrerin und unterrichtet Englisch, Deutsch und Kunst. In ihrer Freizeit schreibt sie gerne Kurzgeschichten. „Max und Mama" ist eine Anthologie, in der die Autorin Dialoge zwischen Max und seiner Mutter gesammelt hat. Den obigen Dialog hat sie speziell für das vorliegende Projekt verfasst.*

Kinderwut

Hänschen ein Kind
von eher zarter Gestalt,
zeigte dennoch schon
oft des Zornes Gewalt.

Wurde beim Einkaufen
das Naschen verboten,
warf er sich kurzerhand
im Laden auf den Boden.

Er strampelte mit Füßen,
was das Zeug nur hielt.
Laut schreiend, tobend
hat er Beachtung erzielt.

Sich rasch zu beruhigen
fiel ihm erst gar nicht ein,
denn er wollte Besitzer
der Gummibärchen sein.

Der Vater am Beruhigen,
die Ladenbesitzerin auch!
Klein-Hänschen lag noch
immer auf seinem Bauch.

Plötzlich hatte der Vater
eine wohl zündende Idee:
Er setzte diese zügig um,
denn sie tat ja nicht weh!

Papa ließt seinen Knirps
mit einem entnervten Blick
und dem Satz: „Das Kind
gehört mir nicht!" zurück.

Das brachte in dem Kapitel
die überraschende Wende:
Weinend stand der Bub auf –
der Machtkampf war zu Ende.

Sieglinde Seiler *wurde 1950 in Wolframs-Eschenbach, der Stadt des Minnesängers Wolfram von Eschenbach (Bayern), geboren und ist von Beruf Dipl. Verwaltungswirt (FH). Sie lebt mit ihrem Ehemann heute in Crailsheim (Baden-Württemberg). Seit ihrer Jugend schreibt sie Gedichte. Später kamen Aphorismen, Märchen und Prosatexte hinzu. Ferner fotografiert sie gerne. Gedichte, Geschichten und Märchen wurden in diversen Anthologien veröffentlicht.*

Wie die böse Hexe böse wurde

Das Märchenland könnte ein Ort des Friedens sein, wären da nicht die böse Hexe und ihr Sohn Allessandro, die immer wieder Gemeinheiten aushecken. Die böse Hexe war nicht immer böse. Wollt ihr wissen, wie es dazu gekommen ist? Hier ihre Geschichte.

Vor langer Zeit regierte eine junge Herrscherin ein bis dahin größtenteils friedliches Land. Das Märchenland. Bis zu einem gewissen Zeitpunkt war man es nicht gewöhnt, dass nur eine einzige Frau herrschte. Es gab immer Männer an der Seite einer Königin, die letztlich über alles entschieden. Prinzessinnen hatten in den bisherigen Verläufen auch kaum etwas zu sagen, stellten dumme Dinge an, waren unselbstständig und brauchten immer einen Retter. Man war es so gewohnt und hinterfragte nicht.

Doch da sich die Gewohnheiten der Menschen mit der Einführung der Frauenrechte änderten, änderten sich auch die Gewohnheiten der Märchenfiguren, denn die Märchenfiguren waren von der Fantasie der Menschen abhängig. So wie sich die Gewohnheiten der Menschen änderten, änderten sich auch die der Märchenfiguren.

Nun gab es die erste alleinstehende Herrscherin. Ihr Name war mit der Zeit weit über die Grenzen ihres eigenen Landes bekannt. Verachteten einige der Märchenfiguren sie am Anfang, so wurde sie mit der Zeit geschätzt. Was keiner der Märchenfiguren wusste: Sie wünschte sich eigentlich nichts sehnlicher als ein Kind, doch sie tat sich bei der Männerwahl schwer. Keiner passte. Der eine war der Königin zu dick, der nächste zu dumm, der nächste ungehobelt. Sie wollte die Hoffnung aufgeben, als sie während eines Ausrittes auf eine kleine Fee in Gefangenschaft stieß. Sie hieß Tinkerbell und wurde von Piraten gefangen gehalten. Tinkerbell war überaus dankbar für ihre Rettung und erfüllte der Königin ihren sehnlichsten

Wunsch. Während ihr Königreich ein Fest zu einem überaus guten Erntejahr hielt, mischte sich die Königin verkleidet unter das Volk und feierte mit. Sie wollte einmal in ihrem Leben unbeschwert erleben, wie andere Märchenfiguren feierten.

Wie groß war ihre Freude das Hauptdorf nahe dem Schloss geschmückt vorzufinden, fremdartige Speisen probieren zu können und auf dem Markt Ware begutachten zu können, die von Händlern angeboten wurden. Die Märchenkönigin fühlte sich das erste Mal in ihrem Leben frei. So setzte sie sich in ein Wirtshaus, bestellte Wein und verlor in ihrem ersten Weinrausch das Zeitgefühl. Und genau in diesem Moment traf sie auf einen Mann, der sie verzauberte. Er brachte alle Tugenden mit, die sie bisher an zur Wahl stehenden Männern vermisst hatte. Angetrunken stahlen sich beide in ein Zimmer, das der Mann kurz entschlossen gemietet hatte, und gaben sich ganz ihren Gefühlen hin.

Leider entpuppte sich ihre erste Liebesnacht als weitere Enttäuschung. Der Mann war am nächsten Tag verschwunden. Die Königin wachte alleine in ihrem Bett auf und weinte bitterliche Tränen. Zurück im Schloss berichtete sie niemandem, außer ihrer einstigen Kinderfrau, von dem enttäuschenden Erlebnis. Diese wusste sie auch zu trösten.

Zum ungünstigsten Zeitpunkt, den sich die junge Königin vorstellen konnte, kam es zu der Geburt zweier Kinder. Die Geburt wurde gefeiert. Alle guten Märchenfiguren waren eingeladen. Unter den Gästen befanden sich die drei guten Feen. Sie wollten der Königin ihre Glückwünsche aussprechen und gaben den beiden Kindern Wünsche mit, so wie sie es bereits bei Dornröschen getan hatten.

Doch leider wurde die Feierlichkeit von einer weiteren Fee gestört. Sie war die dunkelste Fee, die es im ganzen Reich gab. Malecifent war ihr Name. Keine der anwesenden Märchenfiguren freute sich über ihr Erscheinen bei dem Fest, zu dem es friedlich zugehen sollte. Mitten in den Feierlichkeiten fegte ein schwarzer Wirbelsturm durch eines der offenen Fenster und nahm Gestalt an. Malecifent wirkte auf die anwesenden Märchenfiguren erhaben, jedoch so düster, dass sie augenblicklich in die äußersten Winkel des Saales flohen und die Fee alleine mit der Königin und den drei guten Feen zurückließen. Mit ihrem komplett schwarzen Look, ihrem langen, fledermausflügelartigen, kantigen Gewand, ihrem dunklen Makeup und dem gehörnten Kopfschmuck flößte sie sogar der tapferen Herrscherin für einen Augenblick einen Hauch von aufkommender Panik ein.

„Wie mir scheint", lächelte Malecifent mit ihren kalten, smaragdgrünen Augen, „hat man vergessen, mich einzuladen. Eigentlich hat man alle Villains vergessen einzuladen. Ich komme in ihrem Namen, um dafür Vergeltung auszuüben."

„Verschwinde! Du stehst nicht auf der Gästeliste und bist in der Tat nicht willkommen. Deine Vergeltung erspare uns. Wenn du nicht möchtest, dass meine Diener dich hinausjagen, solltest du zusehen, Land zu gewinnen, und das Schloss umgehend verlassen."

Malecifent brach in Gelächter aus. „Wie wollen mich deine Diener denn verjagen? Und vor allem womit? Ich bin mit Magie ausgestattet. Keiner kann mir etwas anhaben. Nicht einmal die lächerlichen guten Feen."

„Aber das ist doch unerhört", meldete sich Fauna zu Wort. Sie wurde jedoch von der guten Fee namens Sonnenschein zurückgehalten.

„Das hatten wir doch bereits bei Dornröschen", flüsterte sie Fauna zu. „Wir haben keine Chance gegen Malecifent."

„In der Tat", lachte Malecifent laut. „Und ihr habt all eure Wünsche ausgesprochen. Ich habe seit dem letzten Mal, als ich euch begegnet bin, dazugelernt. Seht zu, wie ich die beiden Kinder verfluche." Ehe irgendjemand einschreiten konnte, warf Malecifent eine Art Zauberpulver über die beiden Kinder. Sie wandte sich zuerst dem jüngeren Mädchen zu, das friedlich in der Wiege schlummerte. „Dir schenke ich Boshaftigkeit. Du sollst eines Tages für deine Taten bekannter sein als ich." Dann wandte sie sich an die ältere Prinzessin. „Und dir ... schenke ich." Malecifent überlegte fieberhaft. Dann lachte sie über sich selber. „Das ist mir noch nie passiert. Mir fällt kein passender böser Wunsch ein. Nun gut. Du sollst gütig sein und als Nachfolgerin über dieses Land herrschen. Jedoch wird dir zuteil, dass du unter der Grausamkeit deiner Schwester leiden wirst. Sie wird eifersüchtig auf dich sein und immer wieder versuchen, dir dein Land wegzunehmen." Die Worte der dunklen Fee wurden von einem furchtbaren Lärm übertönt, denn sie verwandelte sich wieder in einen Wirbelsturm, der durch das Fenster das Schloss verließ. Tränen kullerten über das Gesicht der alleinstehenden Königin.

„Das habt ihr nicht verdient, ihr beiden", schluchzte sie. Aus Trauer über die Erscheinung der dunklen Fee und die dunklen Wünsche warf die Königin ihr Gefolge aus dem Saal heraus. Sie wollte alleine sein.

„Es tut uns leid", entschuldigte sich Flora bei ihr. „Hätten wir mit dem letzten Wunsch gewartet, so wie bei Dornröschen, hätten wir etwas für die Kinder tun können. Aber wir haben nicht damit gerechnet, dass die dunkle Fee erneut so weit gehen würde."

„Euch trifft keine Schuld", wandte sich die Königin an Flora. „Ihr habt beide mit guten Wünschen versehen. Dass die dunkle Fee auch auftaucht, konnte keiner ahnen. Es ist leider so, wie es ist. Aber verzeihen werde ich es ihr nie. Ich werde nie wieder glücklich werden, weil ich unter dem Gewissen leiden werde, dass sich meine Kinder bekriegen werden."

Die Auseinandersetzungen der beiden Prinzessinnen gingen bereits früh los. Sie fingen an, sich zu streiten, kaum dass sie das Kindesalter erreicht hatten. Die gute Prinzessin namens Marie bekam immer die Streiche ihrer jüngeren Schwester Jasmin ab. Einmal vertauschte Jasmin beim gemeinsamen Backen Zucker und Salz, kurz bevor Marie anfing, ihren Kuchen zu erstellen. Der Kuchen wurde nichts. Weihnachten stritten sie sich immer um die Geschenke.

„Das ist meines", rief Jasmin, als ihre Mutter die Geschenke nach dem Weihnachtsessen verteilte.

„Stimmt ja gar nicht", erwiderte Marie wütend. Jasmin schaffte es immer, sie aus der Reserve zu holen.

„Hört auf, zu streiten!", schrie ihre Mutter. „Ihr raubt mir an manchen Tagen den letzten Nerv. Geht nun schlafen. Alle beide. Zur Strafe gibt es heute keine Geschenke. Die bekommt ihr, wenn ihr euch beruhigt und euch entschuldigt habt."

Schmollend zogen sich die Prinzessinnen auf ihre Zimmer zurück. Unterwegs stritten sie sich so, dass sich die Palastwache die Ohren zuhielt, als die Prinzessinnen an ihr vorbeikamen.

„Das ist alles deine Schuld, Jasmin", schrie Marie. „Wenn du nicht so gemein wärst, hätten wir heute Abend unsere Geschenke bekommen."

„Und wenn schon, Marie. Ich möchte eh keine. Eigentlich ist es bereits unfair, dass du irgendwann das ganze Land regieren wirst. Nur weil du die Ältere von uns beiden bist. Und was bekomme ich? Nichts." Wütend schmiss Jasmin die Tür hinter sich zu.

Marie hingegen zog sich weinend zurück. Sie hielt die Grausamkeiten ihrer Schwester nicht mehr aus.

„Vielleicht kann die Oberfee der guten Feen helfen?"

Suchend blickte sich Marie in ihrem Zimmer um. Die Stimme kannte sie. Sie gehörte zu ihrer sprechenden Puppe Liliane. Liliane war wie eine Freundin für Marie und sah der blondhaarigen Prinzessin sogar ziemlich ähnlich. Im Grunde war sie das erste Geschenk der drei guten Feen für Marie gewesen. Marie erfuhr das zu ihrem achten Geburtstag von ihrer Mutter. Sie hatte sich schon immer gefragt, warum sie eine so tolle sprechende Puppe hatte und Jasmin nicht. Liliane war deswegen oft Gegenstand von Streitigkeiten.

„Jasmin hat dich doch wieder geärgert oder?", erkundigte sich Liliane? Die Puppe hüpfte mit einem Satz auf das Bett hinauf und setzte sich neben Marie. Tröstend legte Liliane ihre Puppenhände auf Maries Schoß, die sich gleich viel besser fühlte.

„Ja, Jasmin hat mich wieder geärgert. Sie ist immer so gemein."

„Die Oberfee ist zu einem Pokerabend eingeladen. Sie wird nächsten Freitag im Schloss sein. Such sie auf, wenn sie in ihrem Zimmer ist, und rede mit ihr. Erzähle ihr alles, was Jasmin angestellt hat und dass du nicht mehr weiter weißt. Vielleicht kann sie dir helfen?"

An dem besagten Pokerabend waren einige Königinnen und die Oberfee zu Gast im Schloss der alleinstehenden Königin. Sie genossen ihre Frauenabende und erzählten von ihren Alltagen, während sie eine Pokerrunde nach der nächsten spielten.

„Stellt euch vor", erzählte Dornröschen. „Mein Mann hat mir einen Fernseher geschenkt. Was soll ich denn mit dem Gerät? Damit kann ich nicht einmal kochen."

Die anderen Frauen kicherten. „Ich habe auch einen dieser neumodischen Fernseher erhalten", erzählte Schneewittchen. „Ich kann damit auch nichts anfangen."

„Ich brauche keinen", berichtete die Oberfee. „In meinem Spiegelsaal entgeht mir doch ohnehin kaum etwas."

„Mein Mann hat gestern versucht zu kochen", erzählte Rapunzel. „Das war die reinste Katastrophe, sag ich euch. Die ganze Küche war vernebelt." Die Frauen lachten sich kaputt. Nach der letzten Runde verabschiedete man sich, um entweder den Heimweg anzutreten oder eines der Schlafgemächer aufzusuchen, die die Königin ihren Gästen angeboten hatte.

Die Oberfee wollte gerade ihr Schlafgemach betreten, als sie auf Prinzessin Marie stieß, die geduldig auf sie gewartet hatte. „Marie? Warum bist du noch wach? Solltest du nicht längst im Bett sein?"

„Ich möchte mit dir reden, Tante Merlinde. Unter vier Augen. Ich möchte nicht, dass Mutter davon mitbekommt."

„Oh", seufzte Merlinde. „Dann komm mit hinein. Ich höre dir zu. Wo liegt denn das Problem?"

Merlinde hörte sich alles geduldig an, was Marie berichtete. Irgendwann wurde sie leicht wütend. „Meiner Meinung nach ist Jasmin zu weit gegangen. Es war gut, dass du mich aufgesucht hast. Ich rede mit deiner Mutter."

„Nein", erwiderte Marie, „das geht nach hinten los. Nachher bekomme ich den Unmut meiner Schwester ab."

„Keine Sorge", lächelte Merlinde. „Wir finden eine Lösung für euer Problem. Versprochen."

Die alleinstehende Königin war nicht gerade erfreut über das Gespräch mit Merlinde und die Informationen, die sie über Jasmin erhielt. Sie entschied sich, ein Internat für Jasmin zu suchen, da sie selber auch kaum mit Jasmin fertig wurde.

Darüber war Jasmin so wütend, dass sie sich vornahm, sich eines Tages an allen Märchenfiguren zu rächen. Und das war der Anfang der Entstehung der bösen Hexe, denn zu der wurde das böse Mädchen schließlich.

Vanessa Boecking: *Autorin verschiedener Genres. Ihre Bücher: „Damian, der Zauberer" und „Osiris, die Supermumie".*

Wenn ein Kind wüsste ...

Wenn ein Kind wüsste,
wie nah es doch einst seiner Mutter war,
neun Monate unter ihrem Herzen,
geborgen und geschützt vor jeder Gefahr.

Wenn ein Kind wüsste,
wie sich Eltern über sein Dasein freuen,
es als großes Geschenk betrachten
und den Schritt zur Familie nicht bereuen.

Wenn ein Kind wüsste,
wie sehr sich die Eltern um ihr Kind sorgen,
wenn es krank ist oder Probleme hat
und sie ihm ihr Denken und Gebet borgen.

Wenn ein Kind wüsste,
dass die Erziehung wirklich ist nicht leicht.
Man will es als Eltern richtig machen,
dass man das Beste für sein Kind erreicht.

Wenn ein Kind wüsste,
wie sehr man immer sein Wohl im Auge hat.
Erziehung findet zwischen liebender Nähe
und Setzen von notwendigen Grenzen statt.

Wenn ein Kind wüsste,
wie Eltern in der Pubertät an Grenzen stoßen,
da Pubertierende sie konfrontieren
und in manchen Familien Machtkämpfe tosen.

Als Eltern will man gewisse Werte,
bewusst an die Kinder und Enkel weitergeben,
denn man hat für sich selber festgestellt,
dass sie ein gutes Fundament sind fürs Leben.

Kinder brauchen liebende Nähe,
eine Struktur, Halt und immer Geborgenheit.
Im Übernehmen kleiner Arbeiten
sollen sie Verantwortung lernen mit der Zeit.

Wenn ein Kind wüsste,
wie tief und weit tatsächlich Mutterliebe reicht,
seelisch mit ihm verbunden,
sie auch vom erwachsenen Kind nicht weicht.

Eltern wollen ihrer Aufgabe gerecht werden,
doch ist Erziehung sicherlich kein Federlesen.
Sie haben eigene Erfahrungen gemacht,
waren sie doch auch selber ein Kind gewesen.

Sieglinde Seiler *wurde 1950 in Wolframs-Eschenbach, der Stadt des Minnesängers Wolfram von Eschenbach (Bayern), geboren und ist von Beruf Dipl. Verwaltungswirt (FH). Sie lebt mit ihrem Ehemann heute in Crailsheim (Baden-Württemberg). Seit ihrer Jugend schreibt sie Gedichte. Später kamen Aphorismen, Märchen und Prosatexte hinzu. Ferner fotografiert sie gerne. Gedichte, Geschichten und Märchen wurden in diversen Anthologien veröffentlicht.*

Die fünf Gebote meiner Mutter

„Meine Kinder gehören zu mir", sagte meine Mutter. Sie war alleinerziehend. Mein Vater hatte sie kurz nach meiner Geburt verlassen. Eine Trennung von ihren Kindern – meinem Bruder, meiner Schwester und mir, dem Jüngsten – war für sie nicht vorstellbar. Mutterliebe, Zuneigung zu den Kindern, Zusammenleben im Gleichklang? Wie hielt sie es mit eigenen Gedanken und Gefühlen der Kinder, mit einem selbstbestimmten Leben?
„Meine Kinder gehören mir", sagte meine Mutter.
Sie wusste, was sie wollte.
„Du sollst beten!"
„Ich bin klein, mein Herz ist rein, soll niemand darin wohnen als Jesus allein", das hatte Mama mir vorgesprochen, als ich vier Jahre alt war. Ab nun solle ich mich jeden Abend vor mein Bett hinknien und dieses Gebet aufsagen, damit es mir gut gehe … mit dem lieben Gott, mit bösen Nachbarn und der unbekannten großen Welt. Ich blickte zu Mama auf. Warm und weich kamen die Worte über ihre Lippen. Ihre Augen zeigten einen leicht glänzenden Schleier. Mama küsste mich auf die Stirn und strich über mein Haar. In diesem Moment liebte ich sie über alles, ich glaubte an sie, an den lieben Gott und an eine Welt, die unter seinem persönlichen Schutz steht.

Mein Bruder war aus einem anderen Holz geschnitzt. Er hatte eine Botschaft, über die ich schlucken musste: „Du bist klein und ein armes Schwein, also lass das Beten lieber gleich sein."

Ich schaute in den Spiegel, hielt mich für lammfromm, für ein Schaf. Ich wollte niemandem Böses und alles Böse sollte von mir fernbleiben.

„Da stehst du da in Lederhose, schmales Hemd mit Hühnerbrust und mit Borstenfrisur. Grunzt frommes Zeug, als hättest du von nichts eine Ahnung, was wirklich in der Welt läuft. Da zählt der

Kampf ums Überleben. Kriegen alle eins auf die Schnauze, die über mich herfahren. Du, du bist und bleibst ein Schwein. Was aus dir einmal wird? Im schlimmsten Fall eine fromme Sau!"

Ich wollte das nicht. Den Schweinegeruch wollte ich nicht. Dessen Gestank stieg mir in die Nase. Ich stellte mir vor, eine Sau würde mir nackt und entblößt in die Quere kommen und ich würde womöglich Gefahr laufen, von dem Allesfresser aufgespießt und verschlungen zu werden. Ich schüttelte mich, biss die Lippen fest zusammen. Den Schweinestall vor Augen glaubte ich, fernab die Stimme des Hirten zu hören, die Stimme des Herrn Jesus. Ich entschied mich, ihm nachzufolgen, als braves Schaf.

Mit sieben Jahren wurde ich auf die Erstkommunion vorbereitet, zusammen mit meiner ein Jahr älteren Schwester. Sieben Monate begleitete uns ein Priester. Er erzählte vom Herrn Jesus, von Brot und Wein und Abendmahl, von der Bedeutung des Kreuzzeichens. Und … von der Sünde, in die wir tief verstrickt seien, behaftet mit der Erbsünde, Sünder in einer Ahnenreihe von Sündern. Aber Jesus habe Erbarmen, sei für uns gestorben, auferstanden von den Toten und habe uns erlöst. Das sei die Frohe Botschaft. Aber Halt, keine Entwarnung … Sünden müssen gebeichtet, bereut und gebüßt werden. Für nicht gebeichtete Todsünden stehe die Hölle, hieß es. Angst und Schrecken machten sich in mir breit. Aber Gott sei Dank hatten Priester die Macht, Sünden zu vergeben.

Das Gebet eines unschuldigen Kindes wurde von einem Tag auf den anderen umgeschrieben. Es hieß nicht mehr: „Ich bin klein und mein Herz ist rein", sondern seit der Erstkommunion: „Durch meine Schuld, durch meine Schuld, durch meine übergroße Schuld."

Ich machte das Kreuzzeichen, klopfte mir auf die Brust, erklärte mich zu einem Sünder. Ich reihte mich ein in die Gemeinschaft der Sündigen. Mir wurde übel vor mir selbst. Und von den Weihrauchschwaden, die das Kirchenschiff und das Denken vernebelten.

„Ein Erinnerungsfoto zum Fest", rief der Priester. Ein Fotograf sei herbestellt. Meine Schwester fehlte. Ich sollte sie suchen, fand sie aber nicht.

Als ich zurückkam, hatte sie sich zum Foto aufgestellt. Ich wollte mich dazu stellen. Der Priester riss mich zur Seite.

„Der HERR sprach: Wo ist deine Schwester? Und deine Antwort war: *Ich weiß es nicht*. Die Lüge schreit zum Himmel. Wo warst du, Hüter deiner Schwester? Was hast du getan?"

„Ich habe meiner Schwester nichts getan."

Der Priester holte zu einer Ohrfeige aus. Wumm! Ich verlor das Gleichgewicht und schlug auf den Treppenaufgang zum Kirchenportal auf. Meine rechte Wange brannte, lief tiefrot an und wechselte in den nächsten Tagen in die Farben Blau und Gelb. Der Pastor überzeugte. Er bläute mir ein: Dazugehören zu einer Gemeinschaft, zur Familie, zur Schule, zur Gesellschaft – in diesem Fall zur heiligen, allumfassenden Kirche - hieß, sich der Gewalt der Mächtigen zu unterwerfen. Frohe Botschaft?

„Du sollst nicht widersprechen."

„Was Kinder wollen, zählt nicht. Kinder haben nichts zu sagen. Ihr seid mein Eigentum!", behauptete Mama.

Sie hielt es mit den Mächtigen. Sie unterwarf sich Bessergestellten, Besserwissenden, Tonangebenden. Und sie wusste, die auf ihre Seite zu ziehen. Sie konnte lächeln wie ein unschuldiges Kind, dem vielleicht nur ein kleines, lächerliches Missgeschick passiert war. Auf diese Weise erhielt sie Mitleid und tatkräftige Unterstützung. Sie wollten Mama helfen: der Priester, die Kolleginnen, die Sozialarbeiterin.

„Wie fromm Sie sind!", lobte der Priester und ließ Mama die Kirche zu putzen.

„Wer seine Rute schont, der hasst seinen Sohn. Wer ihn aber lieb hat, der züchtigt ihn bald", gab er ihr mit auf den Weg.

„Wie tüchtig Sie sind!", lobte die Sozialarbeiterin und ließ von Mama die Wohnung putzen. Die vorgeschriebene Kontrolle, wie es den Kindern gehe, unterließ sie.

„Lass dir nichts bieten, deine Gören haben zu gehorchen, ohne Wenn und Aber. Das muss ihnen eingebläut werden. Und wenn du nicht mehr weiter weißt, dann hilft bestimmt die Peitsche", rieten die Kolleginnen. Sie besorgten Mama eine Peitsche aus Lederstriemen mit Eisenkugeln am unteren Ende. Das Folterwerkzeug hängte Mama für alle sichtbar im Flur auf.

„Keine Widerrede", rief Mama. „Sonst tanzt die Peitsche."

Jede Woche fehlte ein Striemen, auf geheimnisvolle Weise entfernt. Als nur noch zwei Striemen übrig blieben, wussten die Kolleginnen wieder Rat: „Bambusrohre machen widerspenstige Haut gefügig!"

Die Bambusrohre tauchten drei Kinder über Nacht in Salzwasser. Bald faserten die aus und waren zerschlissen.

„Du sollst nicht lesen!"

Als ich lesen und schreiben lernte, stellte ich fest, dass Mama es nicht konnte, zumindest nicht fehlerfrei. Ihre Satzbildung war unvollständig. Briefe an Behörden ließ sie aufsetzen, das sagte sie immer so. Stets fand sich ein Schreibkundiger, der das für sie erledigte. Konnte sie lesen? Ich erinnere mich nicht, sie jemals mit einem Buch oder einer Zeitschrift gesehen zu haben. Immerhin, drei Bücher standen im Regal:

Das vergessene Dorf von Theodor Kröger, *Der große Regen* von Louis Bromfield und *Die Frau als Hausärztin* (Ausgabe 1952) von Anna Fischer-Dückelmann.

„Ist nichts für Kinder", erklärte Mama.

Ich war dreizehn, las heimlich und wurde durch die *Hausärztin* aufgeklärt. Weitere Aufklärung verschlang ich: bei tropischer Schwüle im *großen Regen* und bei sibirischer Kälte im *vergessenen Dorf.*

Es kam zu ersten Ergüssen. *Pollutionen* nannte es die *Hausärztin.* Verschmutzungen?

„Beichten, bereuen, büßen!", forderte der Priester.

Ich stellte mich taub, ohnehin war ich schwerhörig.

„Ich würde gern die Bibel lesen, das Alte Testament", bat ich Mama.

„Mal sehen, was der Priester sagt", wich Mama aus.

Der Priester überlegte. Sechs Wochen brauchte er dafür.

„Ich freue mich, dass du dich für den Glauben interessierst. Aber das Alte Testament, das ist nichts für Kinder. Das Neue Testament, die Frohe Botschaft, reicht völlig."

In der Heiligen Messe am Sonntag las der Priester Abschnitte sowohl aus dem Alten und dem Neuen Testament.

„Was soll ich nicht wissen?", fragte ich.

Darauf gab es keine Antwort.

Das Neue Testament kam mir als ein Buch der Märchen und Wunder vor: Ein Baby liegt in der Krippe zwischen Ochs und Esel, drei Könige irren auf der Suche nach dem Baby durch die Wüste und finden es nicht. Aus Wasser wird Wein, Brot vermehrt sich wundersam, Jesus schreitet über dem Wasser, ein Mann ist tot und lebt dann doch ...

„Wie kann das sein?", fragte ich.

„Bei Gott ist nichts unmöglich", erklärte der Priester.

„Ich möchte gern mehr wissen", bat ich.

„Glauben heißt: nicht wissen", war die Antwort.

„Du sollst nicht schreiben!"

Mir fielen Verse ein, Musik in meinen tauben Ohren. Ich brachte die zu Papier. Auch nachts, wenn ich nicht schlafen konnte. Mit meinem Bruder teilte ich ein Zimmer. Den Bruder wollte ich nicht wecken. Also schlich ich zur Toilette, Block und Bleistift in der Hand. Dort hört mich niemand, hoffte ich. Aber bald rüttelte es an der Toilettentür.

„Aufmachen oder ich trete die Tür ein", schrie Mama.

„Ich wollte nur ...", kam mir über die Lippen.

„Ab ins Bett, sonst gibt es ein Nachspiel."

Mir gingen Fragen durch den Kopf: Hatte Mama mich der Todsünde, der Selbstbefriedigung, verdächtigt und wollte das verhindern? Oder glaubte sie, ich würde heimlich lesen? Gedichte schreiben, mit dreizehn Jahren? War das schlimm?

Ich las und schrieb weiter heimlich. Mama bekam meine Texte nie zu sehen. Ich ging davon aus, sie hätte sie zerrissen, mir verboten, weiterzuschreiben. Auch mein Bruder bekam die Gedichte nie zu sehen. Er hätte mich ausgelacht, war ich mir sicher. Lediglich meiner Schwester vertraute ich die Texte an. Sie hütete sie sorgfältig und gab sie mir viele Jahre später als unerwartetes Geburtstagsgeschenk zurück.

„Du sollst Vater und Mutter ehren!"

„Im Namen des Vaters, des Sohnes und ..."

Der Name meines Vaters durfte nicht einmal erwähnt werden.

„Der ist weggelaufen. Also, der ist nicht zu ehren. Ich bin Vater und Mutter in einer Person", behauptete Mama.

Er war nicht zu fassen, mein Bruder, unerreichbar für Mama. Durch giftige Bemerkungen, durch abschätzige Mimik, durch eindeutige Handzeichen brachte er sie zur Weißglut. Wenn sie ihn dafür strafen wollte, lief er einfach weg und drehte ihr eine lange Nase ... oder drehte ihr aus sicherem Abstand den blanken ...

Vater und Mutter ehren ...

Mama schlug mich, würgte mich, war tagelang abwesend und hinterließ nur ein Stück trockenes Brot.

„Mama, der Priester hat gesagt: *Nur Ehre, wem Ehre gebührt.*"

Das stimmte nicht ganz genau. Das *nur* hatte ich selbst dazu gesetzt.

„Zehn Stockschläge, fünf fürs Frechsein, fünf für Widerworte", stieß Mama hervor.

Ich war das Schaf, das sich freiwillig zur Schlachtbank führen ließ und die Strafe entgegennahm. Mein Bruder war der Wolf, gegen den Mama niemals ein Mittel fand. Der ließ sich nicht beherrschen.

Die Erziehung meiner Mutter scheiterte. Mein Bruder tat das, was er schon als Kind im Programm hatte: provozieren, angreifen, beleidigen. Seinen Chef stellte er als GAZ – größtes Arschloch aller Zeiten – öffentlich bloß. Jetzt war er arbeitslos. Und weil das Geld für die Miete nicht reichte, zog er wieder bei Mama ein. Meine Schwester hatte eine Ausbildung als Erzieherin hinter sich. Sie förderte kleine Kinder. Die blickten mit großen Augen zu ihr auf.

Was mich betrifft: Ich bin aus der Kirche ausgetreten, habe Jura studiert, bin Familienrichter geworden und verhandle über Eltern, die ihre Kinder nicht ehren, und über Kinder, die ihre Eltern nicht achten. Ich urteile, verurteile nicht. Und ich schreibe Bücher. In meinen Texten gehören Kinder sich selbst ... Es wird darin auch gestritten, Versöhnung nicht ausgeschlossen.

Volkmar Trepte, *Jahrgang 1947, hat Psychologie studiert, lebt in der Seestadt Bremerhaven und in Thiéfosse (Vogesen, Frankreich), schreibt Gedichte und Kurzgeschichten, hat in Anthologien und literarischen Zeitschriften veröffentlicht, mag den salzigen Duft und den unerbittlichen Gegenwind am Deich an der Nordseeküste, wie auch die unzähligen unterschiedlichen Ansichten, die sich bei Bergwanderungen eröffnen.*

Mama, warum hab ich zwei Papas?

Jannick ist ein fünfjähriger, aufgeweckter Junge. Von montags bis freitags geht er am Morgen in den Kindergarten. Dort trifft er seine Freunde Fabian, Niklas und seine Spielgefährtin Fiona. Es gibt einen großen Garten und eine lange Rutsche. Bei schönem Wetter dürfen die Kinder draußen spielen. Das Klettern auf dem Gestell und über die Seile mag er besonders. Meist geht Jannick sehr gern in den Kindergarten. Die Erzieherin Marion hat immer wieder Überraschungen für die Kinder.

Heute ist der erste Tag im Kindergarten nach den Sommerferien. Alle Kinder sitzen mit ihr in einem Stuhlkreis. Sie dürfen erzählen, was sie in den Ferien erlebt haben. Fionas Augen leuchten, als sie vom Aufenthalt auf dem Bauernhof erzählt. Dort gibt es Kühe, Schweine, Hühner, Schafe und sogar Pferde. Vor Begeisterung kann sie kaum still sitzen. Sie gehört zu den Großen, die im nächsten Jahr in die Schule kommen. Als wäre es erst gestern gewesen, beschreibt sie, wie sie das erste Mal auf einem Pferd sitzen durfte. Aber es gab ein noch wichtigeres Ereignis in den Ferien für Fiona: Sie hat nämlich ein Brüderchen bekommen und darüber freut sie sich am allermeisten.

„Endlich bin ich nicht mehr allein", sagt sie. „Mein Brüderchen lacht mich an, wenn ich heimkomme, und es hört zu, wenn ich ihm die Lieder vorsinge, die wir im Kindergarten lernen."

Aufmerksam lauscht Jannick ihren Worten. Und dann endlich ist er an der Reihe. Er erzählt vom Meer in Frankreich, wie salzig das Wasser dort schmeckt, dass er nun sogar ohne Schwimmärmel schwimmen kann, wie viele Muscheln er mitgebracht hat und wie aufregend das Schlafen mit den Eltern im Zelt war. Als er am Mittag von Mama abgeholt wird, ist er stiller als sonst. Sie macht sich ein wenig Sorgen, ob ihr Sohn hoffentlich nicht krank wird.

Zu Hause beginnt er auf einmal zu erzählen. Er berichtet nicht nur von den vielen Abenteuern, die die anderen Kinder in den Ferien erlebt haben, sondern auch von Lennart, so heißt nämlich das kleine Brüderchen von Fiona. Er schaut Mama mit seinen großen blauen Augen flehend an: „Mama, ich möchte auch so gerne ein kleines Brüderchen. Was müssen wir machen, damit ich auch eins krieg?"

Sie denkt einen Augenblick nach, bevor sie antwortet: „Wenn wir uns alle ganz innig ein Baby wünschen, wird unser Wunsch hoffentlich bald in Erfüllung gehen."

Seit diesem Tag reden Mama, Papa und Jannick immer wieder einmal über das Baby, das sich alle so sehr wünschen. Jannick kann nicht wissen, dass die Eltern sich schon länger um ihren weiteren Kinderwunsch kümmern.

Einige Wochen später holt Mama Jannick wie jeden Mittag vom Kindergarten ab. Und wie jedes Mal strahlen seine Augen, wenn er sie sieht und in ihre ausgebreiteten Arme fliegt. Ohne Pause beginnt er zu erzählen, was er am Morgen mit den anderen Kindern gespielt hat und auf dem Heimweg plappert er fröhlich weiter. Irgendwie hört Mama heute gar nicht richtig zu. Jannick wird ganz still und schaut sie fragend an. Mama ist heute anders als sonst. Er guckt sie ganz genau an und versucht, in ihrem Gesicht zu lesen.

„Jannick, ich hab eine wundervolle Nachricht für dich!", verkündet sie, macht eine kleine Pause und sieht ihn geheimnisvoll lächelnd an.

Plötzlich kribbelt es in ihm, dass er die Neugierde kaum noch aushält. Ist Papa schon daheim? Oder Oma und Opa zu Besuch?

„Wir werden ein Baby bekommen!", unterbricht Mama seine Gedanken.

Zuerst kann Jannick es noch gar nicht glauben. Er ist so aufgeregt, dass er auf einmal kein Wort mehr herausbringt. So viele Gedanken schießen ihm auf einmal durch den Kopf: Wie groß ist das Baby? Wann kommt es? Er guckt auf Mamas Bauch. Warum ist der gar nicht dick? Wenn es stimmt, was Mama sagt, dann muss es doch da drin sein! Das weiß er, seit er die Hand auf den Bauch seiner Tante legen durfte, als sie ein Kind erwartete.

Mama erklärt ihm, dass sie sich alle noch einige Monate gedulden müssen, weil ein Baby viel Zeit braucht zum Wachsen.

Als sie endlich zu Hause sind, muss er sofort Papa David anrufen. Der wohnt weit weg in Frankfurt und er drückt die Taste mit der Kurzwahl. Doch es meldet sich nur der Anrufbeantworter. Mama sieht, wie er auf einmal mit den Augen klimpert und dann angestrengt seine Augen nach oben dreht. Sie weiß, das macht er immer, wenn er intensiv nachdenkt.

Plötzlich sagt er: „Mama, warum hab ich eigentlich zwei Papas? Die anderen Kinder haben alle nur einen."

Einen Augenblick hält sie die Luft an: „Was sag ich nur?" Seit einiger Zeit fragt sie sich, wann denn der rechte Zeitpunkt ist, dies ihrem Sohn zu erklären. Doch sie ist bis heute noch zu keinem Ergebnis gekommen. In Gedanken ging sie das Gespräch mit Jannick schon hundert Mal durch, doch am anderen Tag verwarf sie es wieder. „Wie finde ich kindgerechte Worte?" Nun ist ihr ihr Sohn zuvorgekommen.

„Jannick, das ist eine lange Geschichte, die erzähl ich dir bald", sagt sie schnell. „Willst du nicht auch Omi anrufen und ihr die wundervolle Neuigkeit erzählen?"

Jannick greift sofort begeistert zum Hörer: „Omi, ich bekomm ein Geschwisterchen. Schon bald, schon in sieben Monaten", ruft er aufgeregt ins Telefon.

Auch die Omi ist überglücklich und gratuliert ihm: „Jannick, dann bist du der große Bruder!"

Das macht ihn so richtig stolz. Es ist ein ganz neues Gefühl und er spürt, wie gerne er ein großer Bruder ist. Im Kindergarten gibt es mehrere Kinder, die oft von ihrem großen Bruder erzählen und in ihrem Gesicht kann er lesen, wie stolz sie auf ihn sind. Als am Abend Papa von der Arbeit nach Hause kommt, feiern sie miteinander ein richtiges Fest. Mama hat seinen Lieblingskuchen mit dickem Schokoladenguss gebacken.

Bald kramt sie die alten Babysachen von Jannick aus dem Keller. Beinahe täglich steht ein neuer Karton in der Wohnung. Und mit leuchtenden Augen zeigt sie ihm die kleinen Jäckchen und Höschen. Er kann spüren, wie sehr sich Mama auch damals gefreut hat, als er in ihrem Bauch wuchs.

„Mama, war ich wirklich einmal so klein?", fragt er, als er die winzigen Strampelhöschen sieht.

Mama schmunzelt und nickt.

„Und wie groß ist mein Geschwisterchen jetzt?"

Mama und Papa zeigen ihm mit dem Abstand des Daumens und Zeigefingers, wie groß es ist, und erklären ihm ganz genau, wie das Baby jetzt aussieht, wie es weiterwächst und dass man noch nicht wissen kann, ob es ein Junge oder ein Mädchen wird.

Jannick darf sich ein Buch anschauen, in dem er sehen kann, wie das Baby in Mamas Bauch aussieht und Monat für Monat wächst. Die Bilder sehen fast so aus, als könne man in Mamas Bauch fotografieren.

Eines Morgens kann Mama nicht aufstehen. Kreidebleich sitzt sie im Bett. Heute bringt Papa Jannick in den Kindergarten. Und er erklärt ihm, dass es Mama so übel ist, weil die Schwangerschaft auch anstrengend ist.

„Aber das geht wieder vorbei", beruhigt er seinen Sohn.

Doch für ihn ist diese Zeit sehr lang, denn Mama kann oft nicht aufstehen und als endlich die Zeit der Übelkeit vorbei ist, darf sie ihn nicht mehr hochheben wie vorher, weil sie sich schonen muss. Aber wenn sie auf dem Sofa ruht, kann er sich ganz eng an sie kuscheln. Dann legt er zärtlich seine Hand auf ihren Bauch und streichelt sie. Er sieht, wie gut ihr das tut, denn dann lächelt sie immer. Und plötzlich spürt Jannick, wie sich etwas unter seiner Hand in Mamas Bauch bewegt.

„Mama, ich hab das Baby gespürt, es hat sich bewegt!", ruft er freudestrahlend aus. „Ist das die kleine Hand oder der Fuß meines Geschwisterchens?", will er wissen und beginnt es zu kitzeln. Sofort zieht das Baby sein Füßchen oder Händchen wieder zurück. Sein erstes Spiel mit dem Geschwisterchen! Über Mamas Gesicht huscht ein verklärtes Lächeln. Jannick ist außer sich vor Freude, dass er gleich Omi anrufen muss.

An Weihnachten wollen sich Mama und Papa mit ihren Geschwistern bei Oma und Opa in Radolfzell am Bodensee treffen. Jannick kann es kaum erwarten. Endlich kann er auch seinen besten Freund Gino wiedersehen. Gino hat am gleichen Tag Geburtstag wie er, aber Jannick ist zwei Jahre älter. Damals durfte er Omi zum Bauernhof begleiten und die kleinen Welpen anschauen. Neugierig wuselten die kleinen Hunde um seine Beine. Jannick hätte am liebsten alle auf einmal in den Arm genommen. Einer war darunter, der ihm vor allen anderen auf Schritt und Tritt hinterherlief. Er hob ihn auf, schaute ihn an und warf ihn wie einen Ball zu den anderen hin. Omi erschrak und erklärte ihm, dass diese kleinen Hunde keine Stofftiere sind, er müsse vorsichtig mit ihnen umgehen. Den kleinen Berner-Senn-Mischling brachte es nicht davon ab, noch unsicher auf seinen kurzen Beinchen wieder zurück zu Jannick zu wackeln. Er nahm es ihm nicht übel, schnupperte neugierig an seinen Füßen, kuschelte sich an seine Beine und schaute mit seinen großen braunen Augen bittend zu ihm auf.

Da beschloss Omi, die schon einige Zeit mit feuchten Augen zuschaute: „Den nehmen wir und er soll Gino heißen, weil unser erster Hund Gina hieß. Damals, als deine Mama noch klein war, hatte sich dein Patenonkel den Welpen einer Collie-Hündin und eines Schäferhundes ausgesucht. Mit viel Bitten und Betteln hatte er zuerst mich um den Finger gewickelt und dann musste auch dein Opa mitkommen, um den jungen Hund kennenzulernen, der mit seinem Wanderzirkus für einige Zeit auf einer Wiese kampierte. Gina, beschloss dein Pate, soll die kleine Hündin heißen, weil er die Geschichte mit Pinocchio und seiner kleinen Ente so sehr liebte. Und seine Hündin Gina wurde seine beste Freundin und eine treue Kameradin für die ganze Familie."

Am Heiligen Abend darf Jannick mit Oma den Weihnachtsbaum schmücken. Opa brachte einen Baum, der bis zur Decke unter dem

Dachgebälk reicht. Oma muss auf eine Leiter steigen, um den oberen Teil des Baumes zu schmücken, und Jannick darf die bunten Kugeln aufhängen – so weit seine Arme hochreichen können. Am Nachmittag kommt sein Patenonkel mit seiner Frau und dem kleinen Moritz dazu. Jannick sitzt beim Raclette-Essen auf dem Sofa neben Mama, die ihm hin und wieder einen Bissen in den Mund schiebt. Während die Großen immer noch essen, schleicht er sich zum Weihnachtsbaum und entdeckt darunter viele bunte Päckchen und Pakete. Ganz in der Ecke am Klavier sieht er etwas Riesiges, über das ein großes Tuch gelegt ist. Jannick möchte es gar zu gerne aufdecken. Aber die Großen beschließen, vor der Bescherung Weihnachtslieder zu singen. Oma holt die Kiste mit Spielsachen aus ihrem Schlafzimmer und Jannick baut währenddessen für seinen kleinen Cousin einen Bauernhof aus Lego-Duplo auf. Mama nimmt ihre Gitarre und Jannick hört, wie sie Weihnachtswunschkonzert spielen. Omis Lieblingslied ist wie jedes Jahr *Maria durch ein Dornwald ging*. O je, das dauert ziemlich lange, fürchtet er, bis alle mit ihrem Lied dran waren.

Aber auf einmal sagt Omi: „Wir haben noch gar nicht Jannicks Lieblingslied gesungen!" Und auf einmal rufen alle wie im Chor: „Kling Glöckchen!"

Jetzt strahlt er. Er ist selig, denn es ist das allerschönste Weihnachtslied, seit er sich erinnern kann, und er kann auch schon ein wenig mitsingen. Beinahe hätte er darüber sogar die Geschenke unter dem Weihnachtsbaum vergessen.

Endlich nimmt Omi ihn an der Hand und führt ihn zu dem geheimnisvollen großen Berg unter dem Tuch. Sie muss ihm helfen, das Ding wegzuziehen, bis ein riesengroßer grüner Traktor mit einem Schaufellader darunter hervorguckt. Jannick betrachtet ihn neugierig und Omi hebt ihn auf den Sattel. O je, seine Füße können kaum die Pedalen erreichen. Aber er entwickelt sehr schnell eine Technik, indem er sich jeweils nach rechts und links auf dem Sattel hin und her rutschen lässt, damit seine kleinen Füße die Pedalen treten können. Und schon ist nichts mehr sicher im Wohnzimmer.

Gino verzieht sich in den letzten Winkel und guckt vorsichtig zu. Ausnahmsweise darf Jannick lange aufbleiben. Als ihm aber immer wieder die Augen zufallen, trägt Mama ihn in Omas und Opas Bett nebenan. Alle erwarten, dass er nach dem langen Tag sofort schläft, aber auf einmal ertönt sein feines Stimmchen: „Ling löckchen, ling löckchen ...!" Es klingt wie eine Aufforderung, die niemand ausschlagen kann und wie auf Befehl fangen alle gleichzeitig an, sein Lieblings-Weihnachtslied zu singen. Nachdem alle Strophen zu Ende sind, lauschen sie zufrieden zum Schlafzimmer hin. Doch nach kurzer Pause ist seine zarte Stimme wieder zu hören: „Ling löckchen, ling löckchen!" Nach der geduldigen zweiten und dritten Wiederholung ist der kleine Schatz endlich im Reich der Träume.

An Jannicks sechstem Geburtstag muss Papa zum Arbeiten gehen, aber Mama sitzt nach dem gemütlichen Frühstück immer noch am Tisch. Nachdenklich legt sie ihre Hände auf ihren inzwischen schon sichtlich gerundeten Bauch. Jannick springt von seinem Lego-Bauernhof auf, schiebt ihre Hände weg und drückt lauschend sein Ohr darauf und sie streicht ihm zärtlich über den Kopf.

„Jannick, dein Papa David besucht uns heute Nachmittag. Freust du dich? Ich weiß, dass du ihn sehr lieb hast und er dich auch", kündigt sie an.

Jannick richtet sich auf und klimpert mit seinen großen, blauen Augen. Sie kennt diesen besonderen Blick, wenn er intensiv nachdenkt. „Warum hab ich eigentlich zwei Papas?", schießt es aus ihm heraus.

Nun will sie nicht mehr ausweichen. Jetzt schaut auch sie einen Augenblick nach oben, als erhoffe sie himmlischen Beistand, atmet tief durch und beginnt: „Bevor du geboren wurdest, waren David und ich ein Paar. Wir hatten eine schöne Zeit miteinander und waren oft unterwegs zu Konzerten. Er ist musikalisch sehr begabt und hatte schon damals viel Freude mit seinem Schlagzeug und seiner Band. Als nach einiger Zeit du dich in mir angemeldet hast, waren wir beide überrascht. Ich war gerade am Ende meines Studiums, hatte die Prüfungen bereits abgeschlossen und wusste nun, dass ich jetzt nicht nur für mich, sondern auch für mein Kind Verantwortung habe. David, der einige Jahre jünger ist, hatte andere Pläne."

Die Mutter macht eine Pause. Jannick, der die ganze Zeit vor ihr auf dem Teppich sitzt, lässt keinen Blick von ihr. Es fällt ihr leichter, fortzufahren, als sie befürchtet hat.

„Weiter, Mama!", fordert er sie auf und sieht sie eindringlich an.

„Einige Zeit versuchten wir, unser gemeinsames Leben so gut wie möglich mit meiner Schwangerschaft zu vereinbaren. Aber schon bald zwang mich eine starke Übelkeit, auf vieles zu verzichten. Wochenlang lag ich in meiner Wohngemeinschaft in Stuttgart auf meiner Matratze und hoffte, es ginge bald vorüber. Die anderen waren mit ihren eigenen Aufgaben beschäftigt. David war weit weg in Frankfurt. Wir sahen uns nur an den Wochenenden. Ich hatte noch ein paar Aufgaben mit einem kleinen Verdienst übernommen, die ich jetzt auch nicht mehr erledigen konnte. An einem Sonntag kamen deine Großeltern und trugen für mich diese Blätter aus und beschlossen, mich mitzunehmen. Zu Hause zog ich in ein kleines Zimmer unter dem Dach, fühlte mich geborgen und umsorgt. Dein Opa sorgte für mich, wenn Oma zur Arbeit ging, aber anschließend saßen wir beisammen zum Mittagessen. Von David hörte ich in der Zwischenzeit wochenlang nichts. Deine Oma, die jahrelang ihre Stricknadeln weggelegt hatte, begann nun mit Begeisterung, Babyjäckchen, -höschen und -mützchen zu stricken. Sie holte die Wiege, in der ich als Baby schlief, vom Dachboden, nähte einen neuen Himmel und richtete so dein erstes Bettchen. Die Vorfreude deiner Großeltern war ihnen ins Gesicht geschrieben und gab mir Kraft. Als mein wachsender Bauch mir zeigte, wie groß du schon warst, plante ich deine Geburt. Auf gar keinen Fall wollte ich ins Krankenhaus gehen und suchte mir eine Hebamme, damit du zu Hause auf die Welt kommen konntest. Abends kuschelten wir zu dritt auf dem Sofa. Ich legte die Hände auf meinen Bauch und hielt innige Zwiesprache mit dir. Dein Opa meinte, er sei sicher, du wärst ein Mädchen. Aber deine Oma erzählte, sie habe von dir geträumt, du seist ein Junge mit blonden, lockigen Haaren und himmelblauen Augen. David besuchte uns und wollte bei deiner Geburt dabei sein. Aber du hast keine Bemühungen gezeigt, aus meinem Bauch herauszukommen. Es gefiel dir noch so gut darin, dass ich mich gedulden musste. Der Arzt bestimmte allerdings einen Termin, zu dem ich ins Krankenhaus gehen sollte, falls du nicht vorher aus eigener Initiative zur Welt kommen wolltest. Ich vertraute darauf, dass du dich noch rechtzeitig auf den Weg machen würdest. Trotzdem schickte ich Mama in die Apotheke, um auf Anraten der Hebamme Rizinusöl zu holen. Das sollte helfen, die Geburt einzuleiten. Doch du warst schlauer und wolltest mir wohl die Einnahme dieses bitteren Mittels ersparen. Als Mama mit dem Öl von der Apotheke kam, rief ich ihr freudestrahlend entgegen: *Ich habe Wehen!* Wie gewünscht verstärkten sie sich und bereiteten den Weg nach draußen für dich vor. Ich stellte mir vor, dich in der Badewanne zur Welt zu bringen. Dein Opa hatte das Wasser eingelassen, aber die Wehen waren so intensiv, dass ich es nicht lange aushielt darin. Deine Großeltern saßen in großer Vorfreude auf dem kleinen Sofa im Wohnzimmer. Später hat Mama mir erzählt, dass sie eine Kerze angezündet und gebetet hat. Sie flehte deinen Schutzengel und die Mutter Gottes an, dir beizustehen, damit du gesund auf die Welt kommen kannst. Und die vor Kurzem verstorbene Oma Gunda half aus dem Himmel mit, davon war Mama überzeugt. Inzwischen war Mitternacht längst vorbei, dein Opa war auf dem Sofa eingeschlafen und schleppte sich ins Bett. Deine Oma war hellwach und beschäftigte sich mit dem Stricken eines Pullis für den kleinen Teddybären, den sie für dich gekauft hatte. Als es langsam draußen hell wurde, stellte sie plötzlich fest, dass sie in all der Aufregung drei Ärmel gestrickt hatte, und musste alles wieder aufziehen. Im Vierfüßlerstand auf dem Orientteppich haben wir beide es gemeinsam mithilfe der Hebamme geschafft: Um 10:30 Uhr fülltest du deine Lungen, tatest deinen ersten Atemzug und dein kräftiges Schreien sagte uns: „*Hurra, ich bin im Leben!* Als dein Opa deinen ersten Schrei hörte, rief er verzückt: *So schreit nur ein Mädchen!* Oma lächelte vielsagend und fragte die Hebamme, als sie in die Küche kam, um heißes Wasser zu

holen: *Was haben wir denn bekommen?* Als er hörte: *Einen Jungen!*, schaute er sie mit offenem Mund ungläubig an. Endlich durfte ich dich in meinen Arm nehmen. Ein nie gekanntes Glück überwältigte mich, mein lieber Jannick!"
Jannick schaut lange in Mamas glänzenden Augen. Er bekommt eine Gänsehaut vor Aufregung und kann nicht genug hören über seine Geburt.

„David übernahm die Aufgabe, dich abzunabeln, und hielt dich in ein Frotteetuch gewickelt stolz in seinen Armen. Deine Großeltern teilten unser Glück und unterstützten mich, damit ich mich von der anstrengenden Geburt erholen konnte. Wochenlang warst du regelmäßig am Abend kaum zu beruhigen, weil Blähungen dich plagten. Du lagst in meinen Armen und ich lief mit dir in der Wohnung auf und ab. Wenn mich die Kraft verließ, wusste ich, ich kann dich in die Obhut deiner Großeltern geben. Deine Oma nahm dich gern in den Arm, sang ihre alten Kinderlieder oder summte und lief so lange mit dir in der Wohnung auf und ab, bis du einschlafen konntest. Wenn Opa sein Mittagsschläfchen hielt, lagst du zufrieden auf seiner Brust und hörtest auf seinen beruhigenden Herzschlag. Auch dein Pate war überglücklich, als er dich zum ersten Mal in den Arm nehmen durfte und konnte nicht aufhören, deine kleinen Hände, Finger, Füße und Zehen zu bewundern. Dein Papa David kam hin und wieder, war mir aber keine große Stütze. Ich hatte längst das Gefühl, dass wir uns auseinandergelebt hatten. Seine Vorstellungen vom Leben unterschieden sich deutlich von meinen. Ich war inzwischen überzeugt, das Beste, was mir geschehen konnte, war deine Geburt, und ich wollte eine Familie gründen. Die Fügung des Schicksals, das Geschenk deiner Geburt, war ein Zeichen, dem ich folgen wollte. Ich sah ein, dass David einfach noch viel zu jung war, um eine solche Verantwortung zu übernehmen. An deinem ersten Weihnachten war unsere ganze Familie zusammen, aber er kam nicht. Wir hatten trotzdem sehr schöne gemeinsame Tage. Doch ich wusste, dass mir etwas Wesentliches fehlte. Eines Nachts träumte ich von Armin, dem Freund deines Paten, der früher öfter in unserer

Familie war. Vermutlich wäre er derjenige gewesen, mit dem ich hätte glücklich werden können, dachte ich spontan beim Aufwachen. Aber dieser besondere Mensch hat sicher längst eine eigene Familie. So ließ ich diese Gedanken wieder ziehen. Ein paar Wochen später war dein Pate wieder zu Besuch bei uns und lud seinen Freund zu uns ein. Als mein Bruder mir erzählte, Armin würde kommen, war ich richtig aufgeregt. Bei herrlichem Sonnenschein machten wir gemeinsam mit dir einen Spaziergang zum Aussichtsturm. Wir waren alle in einer ganz besonderen Stimmung und hielten sie in einem ersten Foto von dir in Armins Arm fest. Seine Ausstrahlung beeindruckte mich und sein Wesen zog mich magisch an. Ich fand alles in ihm, was ich mir von einem Partner wünschte und vorstellen konnte. Auch du hast ihn mit deinem offenen Blick spontan angenommen. Armin entschied, über Nacht zu bleiben, und ich spürte, wie mein Herz vor Freude schneller schlug. Mit fünf Monaten begannst du schon deine ersten verständlichen Laute zu äußern. In einem fort hörten wir: *Bababa, Baba.* Und ohne dass es dir jemand vorgesagt hatte, fandest du, dass für dich Papa passend ist. Und Armin war überglücklich, nicht nur mich für sich gewinnen zu können, sondern obendrein noch dich als besonderes Zusatzgeschenk. In einer E-Mail an seine Freunde schrieb er: *Ich bin verliebt und ich bin Papa geworden!*" Er sah – wie ich – die Chance, eine glückliche Familie zu gründen, und machte mir bei meinem ersten Besuch in seiner Wohnung einen Heiratsantrag. Natürlich warst du dabei. Dass er bereit war, für dich Verantwortung zu übernehmen, und dies sogar ein Herzenswunsch von ihm war, fühlte sich so gut an, dass ich mich frohen Herzens auf ihn einlassen konnte. Seit du sechs Monate alt warst, hast du daher nicht nur einen, sondern zwei Papas, die dich über alles lieben. Armin akzeptierte von Anfang an, dass dein leiblicher Vater den Kontakt zu dir nicht verlieren sollte, und hat mich sogar darin unterstützt. Dein Papa nimmt David als deinen leiblichen Vater so an, wie er ist. Als Armin den Wunsch hatte, dich zu adoptieren und damit Verantwortung für dich zu übernehmen, bis du groß bist, war David sofort einverstanden.

Jannick klettert auf ihren Schoß und legt die Arme um ihren Hals. Die Mutter hat viel mehr erzählt, als sie eigentlich wollte. Doch er hatte die ganze Zeit so aufmerksam zugehört, dass ihr die Worte viel leichter von den Lippen kamen, als sie all die Monate befürchtete. Einen kurzen Augenblick herrscht Stille. Einige Herzschläge lang atmen beide Brust an Brust. Dann wirft Jannick seine kleinen Arme nach oben und ruft strahlend: „Mama, es ist richtig toll, zwei Papas zu haben!"

Die Mutter atmet auf. Sie weiß, dass David inzwischen erkennt, welch ein wundervolles Geschenk die Geburt seines Sohnes ist. Dass er als leiblicher Vater respektiert wird von Armin und sie sich alle entspannt begegnen können, freut sie zutiefst, denn sie weiß, dies unterstützt Jannick darin, seine leiblich-väterlichen Wurzeln zu entfalten, die ihn stärken. Im Laufe seines Lebens wird es ihm immer mehr gelingen, den doppelten Schatz in sich zu erkennen, den das Leben ihm geschenkt hat, weil er es schaffen wird, die seelisch-geistigen Wurzeln seines Adoptivvaters mit den leiblichen zu verbinden, um mit dieser Basis Schritt für Schritt sein eigenes, eigenverantwortliches, glückliches Leben führen zu können.

Gabrielle Jesberger *ist nach 30-jährigem Unterrichten in einer kaufmännischen Schule heute Yogalehrerin mit ihrer Tochter in eigener Yogaschule und glückliche Oma von neun Enkelkindern. Sie lebt in einem Drei-Generationen-Haus am Hochrhein. Historische Romane sieht sie als wertvollen Beitrag zum Erhalt unserer Kultur und als Chance zu verstehen, wie Zeitgeschichte die Menschen prägt, warum wir heute sind, was wir sind. Sie ist Autorin von „Liebes Leben" – biografischer Roman über eine Kindheit und Jugend in der Nachkriegszeit, „Mary und das geheimnisvolle Gemälde" – eine außergewöhnliche Lebensgeschichte und große Liebe, die alle Grenzen überwand, „Glaube, Irrglaube und die Macht der Liebe" – Geschichte des vermeintlichen Hexenkindes Lucinde, „Das Leben ist kurz – brechen wir die Regeln" – Roman über die 68er; „Die Traumtänzerin" – Roman über die Suche einer Frau nach ihren Wurzeln und ihr Befreiungsweg.*

Wutausbrüche und anderes

Mein Blick geht über die Mütter mit ihren Kindern auf dem Spielplatz. Bei ihnen sieht es immer leicht aus, als ob sie alle Engel als Nachwuchs gezeugt hätten. Und dann sehe ich zu Sam, meinem Sohn, und hoffe nur, dass er keinen Wutanfall bekommt, weil etwas nicht nach seinem Kopf geht. Ich habe definitiv keinen Engel abbekommen.

„Du tust es schon wieder", höre ich meine Freundin, die auf der Bank neben mir sitzt.

„Was tue ich denn?", will ich von ihr wissen.

„Der Schein trügt, sie alle haben gute und schlechte Tage."

Ich wende mich an sie.

„Keiner ist wirklich gut oder böse."

Schnaubend lasse ich die Luft aus meiner Nase.

Schmunzelnd reicht sie mir ein Stück Möhre. „Auch dein Sohn nicht. Ja, er kann jähzornig werden, aber auch sehr lieb sein. Schau dir doch an, wie brav er jetzt bei den anderen im Sandkasten sitzt."

Da muss ich ihr wohl oder übel zustimmen. Sam kann sehr lieb sein, wenn er will und es mehr oder weniger nach seinem Willen geht. „Wart ab, wenn ich ihm gleich sage, dass wir nach Hause müssen."

„Ich sagte ja schon – Jähzorn." Sie seufzt. „Aber glaub mir, Belly kann das genauso gut."

Verwundert ziehe ich eine Augenbraue hoch. Ihre Tochter scheint auch so ein perfekter Engel zu sein.

„Sie ist anders, wenn andere da sind. Als ich im Kindergarten nachgefragt habe, wie sie sich da so verhält, haben sie mir Dinge erzählt, bei denen ich niemals glauben konnte, dass die wirklich von ihr reden."

„Welche Dinge?"

„Dass sie brav ist, schön mit anderen spielt, ihre Zähne schön putzt, also nur Gutes."

Ich sehe zu meinem Sohn, der gerade mit Belly zur Wippe rennt. Anders kenne ich sie nicht, ein fröhliches Kind, das mit anderen super auskommt und keine Probleme macht. „Du schwindelst doch?"

„Nein, und ich weiß wirklich, wie anstrengend es sein kann", reibt sie sich die Lider, und als sie sie wieder öffnet, sind sie eindeutig wässrig. „Es gab sogar eine Zeit, wo sie mich mit ihrem Verhalten nervlich so fertig gemacht hat. Widerworte, Wut, Aggressivität und ...", sie atmet tief durch, „es gab keinen Abend, an dem ich nicht auf dem Sofa gesessen und geweint habe."

Ungläubig schüttle ich den Kopf. „Aber ich kenne sie nur so."

„Mir wurde gesagt, das läge daran, dass sie weiß, dass sie sich meiner sicher ist, dass sie ihre Grenzen immer wieder neu austestet und eben sehr willensstark ist." Sie sieht zu mir. „Bei dir oder Fremden ist sie sich nicht sicher, ihr könntet sie ja wegschicken."

„Warum erzählst du mir das erst jetzt?"

„Weil ich mich geschämt und gehofft habe, dass es nur eine Phase ist, aber Belly ist, wie sie ist." Seufzend wendet sie sich den Kindern wieder zu. „Auch weil es keiner glauben kann oder so reagiert, wie du es gerade getan hast."

„Belly wirkt so vollkommen zufrieden, wie ein kleiner Engel."

„Ich weiß."

Kann dieses lachende Kind wirklich so sein? Ich bin mir nicht sicher, aber ich glaube meiner Freundin. „Du hast gesagt, es gab keinen Abend. Hat sich das denn geändert?"

„Jein."

Verwirrt runzle ich die Stirn. „Wie jein?"

„Ich versuche, geduldiger zu sein, Kompromisse einzugehen, was manchmal schwer ist, Grenzen zu setzen, aber wir beide sind auf einem guten Weg, denke ich."

Einerseits erleichtert es mich, dass es nicht nur mir so ergeht. Andererseits weiß ich nicht, ob das bei uns funktioniert. Wir sind beide sehr willensstark und stur, doch einen Versuch ist es definitiv wert.

Meine Freundin kramt in ihrer Handtasche und holt ein kleines Notizbuch heraus. „Hier schreibe ich jedes Mal auf, wenn ich das Gefühl habe zu explodieren. Wenn ich tief durchatme, lese ich es mir durch und notiere, was ich ändern könnte. Hilft nicht immer, aber oft bekommt man einen anderen Blickwinkel." Sie steckt es wieder weg.

„Während ihr streitet?"

Sie schüttelt schmunzelnd ihr braunes Haar. „Nein, wenn es sich hochschaukelt, haben wir ein Wutstofftier, den kleinen roten Drachen."

Ja, daran kann ich mich erinnern. Er sitzt auf dem Regal neben der Wohnzimmertür.

„Für mich ist der Punkt erreicht, wenn ich gedanklich aushole, reiche ich es ihr und zeige auf ihr Zimmer. Inzwischen weiß sie, dass sie lieber gehen sollte."

„Und woher?"

„Mit etwas Hilfe meiner Nachbarin, sie ist Kinderpflegerin. Es hilft ab und zu, wenn Fremde mit ihr reden und ihr sagen, dass es nicht gut ist, was sie macht. Auf jeden Fall notiere ich es dann, gehe auf den Balkon und atme tief durch."

Ich blicke zu meinem Sohn. „Vielleicht sollte ich das auch mal probieren."

„Kannst du. Im Übrigen finde ich auch, dass dein Sohn sehr lieb ist."

„Aber du hast es schon miterlebt, wie er ausrasten kann."

„Ja, ich sagte ja schon Jähzorn. Aber ich weiß durch Belly halt auch, dass es schlimmer sein kann." Sie seufzt. „Es ist harte Arbeit und niemand ist perfekt, aber das, was wir uns erarbeitet haben, ist schon sehr toll."

„Erziehung ist eben keine Zauberei", gebe ich von mir.

Sie lacht auf. „Definitiv nicht."

Sam kommt zu uns gerannt, er hat rote Wangen vom Toben. „Mama, ich habe Durst."

„Zauberwort?"

Während er genervt „Bitte" sagt, beginnt meine Freundin loszuprusten. Kurz hebe ich fragend die Augenbraue, bis ich merke, was ich gesagt habe, und ebenfalls anfange zu lachen. Anscheinend gibt es doch die Zauberei, na ja, zumindest ein Zauberwort.

Luna Day *lebt mit ihrer Familie in Augsburg.*

Grün wie die Hoffnung

Mein Telefon klingelte. Verwundert sah ich den Namen meines Mannes und ging ran.

„Adan, was ist los?", fragte ich, während ich rannte, um den Bus zu bekommen. Ich hatte heute enormen Zeitdruck, da ich zuvor noch mit meiner Tochter herumdiskutiert hatte und somit viel zu spät für meinen Termin losgekommen war.

„Wann bist du zu Hause?", fragte er stattdessen zurück und ich hörte seiner Stimme bereits an, dass etwas im Argen war.

„Warte eben", keuchte ich ins Handy und rannte weiter. Der Bus startete gerade den Motor und ich war noch einige Meter entfernt. Hoffentlich hatte ich Glück. Sonst musste ich zu Fuß gehen oder weitere 20 Minuten auf den nächsten warten.

Ich sprang in den Bus. „Danke fürs Warten!", rief ich dem Fahrer schwer atmend zu und ließ mich auf einen der freien Sitze fallen.

„So, nun kann ich wieder sprechen. In 15 Minuten bin ich da. Warum?"

„Cara."

Das eine Wort genügte und ich seufzte genervt auf. Unsere Tochter war in der Pubertät und es war kein Vergnügen. Das sonst so ruhige und liebe Mädchen mutierte gerade zu meinem persönlichen Albtraum in 25 Akten.

„Wie schlimm ist es?", hakte ich nach.

„Du wirst begeistert sein."

„Wenn du das so sagst, kann ich es mir ausrechnen." Ich hörte, wie er durchatmete. „Bist du mit den Hunden unterwegs?"

„Ja, ich musste mal an die frische Luft. Momentan weiß ich nicht, ob ich lachen oder heulen soll."

„Sag schon, was hat sie angestellt? Vielleicht reicht die Busfahrt, damit ich nicht völlig eskaliere."

Er lachte. „Nein, dein Gesicht will ich unverfälscht sehen. Ich warte an der Bushaltestelle auf dich. Bis gleich."

„Bis gleich. Und ich bin sauer auf dich, weil du mir nicht sagst, was los ist."

„Damit kann ich leben", sagte er amüsiert.

„Ich weiß." Damit legte ich auf und schloss für einen Moment die Lider. Was würde mich jetzt wieder erwarten? Cara stellte zurzeit so viel Unsinn an, dass eine Atempause ein wahrer Wellness-Urlaub wäre. Doch mit dreizehn Jahren kamen Mädchen wohl auf die besten Ideen, wie sie ihre Eltern in den Wahnsinn treiben konnten. Und damit war sie sehr erfolgreich.

An der Bushaltestelle wartete Adan bereits mit unseren Hunden. „Hallo, ihr beiden", grüßte ich sie und streichelte über ihr Fell. Die beiden taten mal wieder so, als wäre ich Monate und nicht nur Stunden fort gewesen. Anschließend gab ich meinem Mann einen Kuss.

„Nett, dass ich nach den Hunden komme", witzelte er und nahm mich in den Arm.

„Das Beste zum Schluss", bemerkte ich grinsend und er lachte wegen meiner Bemerkung. Er wusste genau, dass ich niemanden bevorzugte, ganz gleich ob Mensch oder Tier. Sie waren meine Familie.

Gemütlich schlenderten wir die kurze Strecke an diesem Herbstabend nach Hause und gingen die Hofeinfahrt entlang. Als er die Haustür aufschloss, sah er mich an. „Cara hat sich eine optische Veränderung gegönnt. Nur zur Vorwarnung."

„Mir schwant Böses." Was war es dieses Mal? Ein Piercing? Ein Tattoo? Innerlich sah ich mich schon in dem entsprechenden Studio stehen und denjenigen über den Tresen ziehen.

Als ich meine Jacke ausgezogen hatte, betrat ich das Wohnzimmer und mir entglitt alles. Sie saß mit dem Rücken zu mir und sah fern. Über ihren Rücken fielen ihre sonst so langen Haare in einem grünen Farbton. Zudem waren die Haare auf einer Seite komplett abrasiert.

Ich schloss kurz die Lider und musste mich sammeln. Einige Male atmete ich tief durch und musste mir das Lachen verkneifen, dann stellte ich mich in ihr Sichtfeld.

„Ist das dein verdammter Ernst?", fragte ich sie beinahe zischend.

„Hallo Mama. Schön, dass du da bist. Was genau meinst du?"

Einen Moment sah ich meine Tochter fassungslos an. Schön, dass gerade sie mich an die normalen Gepflogenheiten im Umgang mit anderen Menschen erinnern musste, die ich ihr, seit sie denken konnte, vorgebetet hatte.

„Hallo Cara. Ist das dein verdammter Ernst?", fragte ich erneut.

„Was genau meinst du?"

Wie ich diesen hochnäsig gelangweilten Ton, den sie derzeit an den Tag legte, hasste. „Deine Haare!"

Sie tat so, als wüsste sie nicht, was ich meinte. „Die sind doch noch dran. Zumindest zum Teil."

Adan kam ins Wohnzimmer. „Du weißt genau, wovon deine Mutter spricht, Cara."

„Nein, weiß ich nicht", bemerkte sie und verschränkte die Arme.

Wortlos nahm er sich die Fernbedienung vom Tisch und schaltete den Fernseher aus.

Meine Tochter schrie auf. „Das wollte ich noch zu Ende sehen!"

„Dein Pech. Da es ja offenbar nicht funktioniert, sich normal mit dir zu unterhalten, wenn die Flimmerkiste läuft, ist sie nun aus. Und nur um deinem Gedächtnis auf die Sprünge zu helfen, Liora redet von deiner veränderten Haarfarbe und der Haarlänge", bemerkte Adan kalt und lehnte sich an die Lehne des Sofas.

„Wir hatten die Diskussion heute Morgen noch, Cara. Ich habe dir gesagt, dass die nicht gefärbt und abgeschnitten werden. Verdammt, du bist erst dreizehn!"

„Ich habe sie nicht gefärbt", behauptete sie mit ernstem Gesicht. Dass sie sich eine Seite komplett abrasiert hatte, ließ sie geflissentlich unter den Tisch fallen. Adan neben mir atmete tief durch. Ich wusste, dass er sich beruhigen musste, sonst würde er gleich platzen.

„Meinst du nicht, dass es aufgrund deiner grünen Haare gerade arg dreist ist, so zu lügen?", fragte ich und musste mich bemühen, ruhig zu bleiben. Sie trieb mich momentan mit ihrer Art in den Wahnsinn.

„Ich habe sie nicht gefärbt!", schrie sie uns an und stand auf.

„Ach, dann haben die sich von selbst farblich verändert?", hackte ich nach.

Einen Moment sah sie mich mit funkelnden Augen an. Doch dann knickte sie ein. „Nicht ganz", gab sie leise zu und sah zu Boden.

„Jetzt bin ich gespannt", bemerkte Adan bissig und sah unsere Tochter mit vor dem Körper verschränkten Armen an.

„Na ja, nachdem Mama mir heute Morgen noch mal ausdrücklich verboten hatte, sie mir mit Haarfarbe zu färben, haben Jelle und ich im Internet nachgesehen, was für Möglichkeiten es noch gibt", gab sie langsam zu. Ihr wurde wohl gerade bewusst, dass auch das unter *Haare färben* zu verbuchen war. Ganz gleich, auf welche Art sie dies getan hatte.

„Weiter", forderte ich sie auf und war wirklich gespannt, wie die beiden Mädels das hinbekommen hatten.

Sie seufzte und biss die Zähne aufeinander. „Es gibt Möglichkeiten", räumte sie ein.

„Offensichtlich, wenn ich mir dich so ansehe. Wie, Cara?"

„Mit Krepppapier."

Einen Moment starrten Adan und ich sie mit offenem Mund an. „Bitte?", fragte ich fassungslos und wusste nicht, ob ich lachen oder weinen sollte. „Wie das?"

„Das Krepppapier nass machen und um die Haare wickeln. Die Haare nehmen halt dann die Farbe an. Das ist ganz einfach. Wir wollten es einfach mal ausprobieren ...", sagte sie leise. „Hat dann ja auch funktioniert."

„So könnte man es sagen." Ich betrachtete ihre Haare eingehend. „Es ist schön ungleichmäßig geworden."

„Ich weiß", gab sie beschämt zu. „Aber ich habe sie nicht gefärbt. Zumindest nicht mit Haarfarbe. Also kannst du mir nichts!" Und so schnell kam die Bockigkeit wieder durch.

„Theoretisch hast du recht. Ich habe dir verboten, dir die Haare

mit Haarfarbe zu färben. Auf das Krepppapier bin ich zugegebenermaßen nicht gekommen."
Sie grinste überlegen.
„Wie lange bleibt das drin?", frage ich.
„Keine Ahnung. Es hält wohl einige Haarwäschen. Ich habe schon versucht, es auszuwaschen."
„Gefällt es dir nicht? Du wolltest es doch unbedingt haben."
„Nicht wirklich. Das schaut ja aus wie das Fell einer Kuh."
Nun konnte ich mir ein Grinsen nicht verkneifen. „Tja, Tochter, das ist dein Problem. Wenn du Mist baust und meinst, unsere Verbote umgehen zu müssen, dann musst du deine Suppe auch auslöffeln. Dann schauen wir mal, wie lange sich die Farbe in deinen Haaren hält."
Sie sah mich fassungslos an. „Das ist nicht dein Ernst, Mama!"
Ich zuckte mit den Schultern. „Doch."
„Ich kann so nicht herumlaufen!", wandte sie ein und deutete auf ihre wirklich dicken grünen Haare.
„Das kannst du", bekräftigte Adan und sah sie an. „Und das wirst du. Vielleicht ist es dir eine Lehre, nicht jeden Mist auszuprobieren, der sich im Internet finden lässt."
„Aber Papa!"
„Nichts *aber Papa*."
Einen Moment sah sie uns beide fassungslos an, dann marschierte sie wortlos in ihr Zimmer und warf die Tür zu. Keiner von uns hatte Lust, ihr nachzugehen. Die Strafe mit ihren Haaren war wohl derzeit mehr als genug.
Schweigend gingen wir in die Küche. Während ich kochte, räumte Adan den Geschirrspüler aus. Mit einem Mal sah er mich grinsend an.
„Sie kommt wirklich zum größten Teil nach dir", bemerkte er und räumte die Teller weg.
„Wie kommst du denn nun bitte darauf?", fragte ich verwundert.
„Ich kann mich da an eine ganz junge Liora erinnern, die nachmittags mit wasserstoffblonden Haaren aus der Arbeit ging und am

nächsten Tag mit pechschwarzen Haaren und blauen und türkisen Blocksträhnen wieder reinkam."

Einen Moment sah ich ihn fassungslos an, doch dann brach ich in schallendes Gelächter aus. „Stimmt. Ich kann mich noch wie gestern an dein Gesicht erinnern. Du bist fast vom Stuhl gefallen."

„Das war ein Schock, den musste man erst mal verdauen. Man hat nicht jeden Tag einen Schlumpf vor sich stehen."

Ich hob drohend den Kochlöffel. „Pass auf, was du sagst", grinste ich. „Sonst hast du gleich Tomatensoße auf deinem weißen Hemd."

„Lass es besser. Sonst fluchst du wieder herum, dass du das Zeug nicht rausbekommst."

„Es ist dein Lieblingshemd", erinnerte ich ihn.

„Das kann ich verschmerzen."

„Ich aber nicht. Ich muss mir nämlich dein Geheule anhören, weil ich dein Lieblingshemd zerstört habe."

„Dann lass die Tomatensoße, wo sie ist", riet er mir und lehnte sich an die Anrichte. „Aber im ersten Moment musste ich mir das Lachen verkneifen, als Cara die Tür reinkam. Sie hat mich so an dich erinnert. Der gleiche Gesichtsausdruck, die gleiche bockige Ader, die du damals hattest, als man dich auf deine Haare ansprach. Sie ist eine Mini-Version von dir."

Ich seufzte, dann lachte ich. „Es ging mir genauso. Ich musste so die Zähne aufeinanderbeißen, um nicht laut loszulachen."

„Die kannst du nicht verleugnen."

„Nicht wirklich. Ich hoffe nur nicht, dass sie ein ebensolcher Rebell wird wie ich."

„Ich glaube, die Hoffnung kannst du begraben."

„Ich auch. Leider."

Beccy Charlatan *wurde 1982 in Wuppertal geboren und wuchs dort auf. Mittlerweile hat es sie mit ihrem Lebensgefährten etwas weiter an den Rhein verschlagen, ins schöne Düsseldorf. Schon von Kindesbeinen an schrieb sie gern, geht der Liebe zu den Buchstaben jedoch erst seit circa vier Jahren nach. Sie schreibt Fantasy und Kindergeschichten.*

Die Hirnforschung hat festgestellt

Okay, Menschen besitzen ein Gehirn. Das steht fest. Auch dass wir uns in einer sehr schnelllebigen Welt befinden, ist gut verständlich. Aber alles an einem Organ festzumachen, gerade für Kinder, finde ich gewagt. Zumal widersprüchliche Sätze alles untermauern sollen. So können Kinder angeblich bis sechs Jahren eigene Empfindungen oder Gefühle nicht ausdrücken. Die Hirnforschung geht aber von Wahrnehmungen aus, die das Kind empfängt, verarbeitet und messbar zeigt. Wie Kinder lernen, hat man jedoch schlichtweg bei dieser Betrachtungsweise vergessen. Hauptsache, das Ziel, offene Arbeit, klingt vielen logisch.

Ob jedoch aus den Kindern beziehungsfähige Wesen werden, ist unbekannt. Sie können ja selbst entscheiden, wann und mit wem. Und wenn Projekte nicht klappen, dann einfach weglassen. Kinder lernen so, dass man bei Widerständen nicht kämpfen muss. Prima. Aber lösen sich Probleme einfach in Luft auf, wenn man sie nicht mehr beachtet? Wo bleibt hier die Resilienz? Es könnte so einfach sein, mit Herz und Verstand.

Wichtiger wäre es zu wissen, dass man Kindern Dinge erlernen kann, wenn man sie an zwei Tagen wiederholt und nach einer Woche noch einmal. So ist es eher möglich, dass Informationen aus dem Kurzzeit- ins Langzeitgedächtnis gewandert sind. Auch sollte man Kinder mit dem, was sie tun oder tun sollen, begeistern.

Als schönes Beispiel hierfür: Eine Gruppe von Kindern, die sonst nie draußen vespert, wird aufgeweckt. Nun kann man sie fragen, ob sie das auch einmal wollen, da andere Gruppen dies auch tun. Wenn man dies mit Begeisterung herüberbringt, so lautet schnell die Antwort Ja. Alle werden anschließend gebeten, sich zu beeilen, um das Ziel zu erreichen. Man glaubt gar nicht, wie schnell Kinder sein können, wenn sie aus eigenem Antrieb etwas erreichen wollen.

Das Beispiel zeigt, dass Kinder, auch in jüngeren Jahren als sechs Jahren, begeisterungsfähig sind. Das ist den Kindern in die Wiege gelegt worden. Nur muss man dieses Pflänzchen pflegen. Wie schnell kann man hierbei etwas kaputtmachen. Infolgedessen werden Kinder auffällig oder versuchen, die Aufmerksamkeit anderweitig sich zu suchen. Wenn durch verschiedene zeitliche Faktoren so das eine oder andere Ziel nicht mehr schaffbar erscheint, sollten trotzdem Projekte zu Ende geführt werden. Günstig ist, wenn man den Kindern eher eine Richtung gibt und nicht sagt, es muss beispielsweise bis zu einem Abgabeschluss alles fertig sein (oder man gibt Halbfertiges ab). Schöner ist es, Kinder mitentscheiden zu lassen, was letztlich entstehen soll – und wie. Als Erzieher gibt man Vorschläge oder Richtungen, das Handeln erledigen die Kinder.

Somit ist es zwar interessant, was die Hirnforschung feststellen kann, jedoch sollte man abwägen, ob Kinder ein richtiges Objekt für Experimente darstellen. Das wichtigste Gut unserer Gesellschaft. Auch wenn sich unsere Gesellschaft verändert, so sollten gewisse Rahmenbedingungen in der Erziehung als gesetzt bleiben: Liebe und Konsequenz. Und Kindern gegenüber die Basisvariablen der sozialen Arbeit nach Rogers: Empathie, Akzeptanz und Kongruenz (Echtheit). Aufgrund der Burn-Out-Erscheinungen unter Erziehern nenne ich noch Impathie (das Achten auf das eigene Selbst).

Andreas Rucks, geboren 1979 in Stollberg/Erzgebirge, Erzieher im Bewegungskindergarten in Aue-Bad Schlema. 2005 erstes Buch veröffentlicht „Träume und Realität – poetische Texte". Seitdem sind zahlreiche Texte in Anthologien veröffentlicht worden. Herausgeber der Bücher: „Essen im Schulprojekt – mit vollem Bauch lernt es sich besser" (2009) sowie „Die Straßennamen der Stadt Aue – einer Stadt mit vielen Bezeichnungen"(2015). 2020 wurde „Menschen für Texte begeistern – Schreiben macht Spaß" veröffentlicht. 2023 erblickten zwei Spiele in ihrer Endfassung das Licht der Welt (Partnerstadtspiel, Sag's schnell) rechtzeitig zum „Tag der Sachsen" in Aue-Bad Schlema.

Blöder Mama

„Blöder Mama!", schallte es mir entgegen.
Mein vierjähriger Sohn war den Tränen nahe. Als ich in sein wütendes Gesicht schaute, vergrub sich Nicolas unter der Bettdecke. Er wusste nicht, wie er das Adjektiv dem Geschlecht anpassen musste. Vielleicht wusste er auch nicht, um welches Geschlecht es überhaupt ging und dass es einen Unterschied zwischen Mama und Papa gab. Er musste noch so vieles lernen. Aber eins war ihm bewusst: Die Wut über seine Mama und ihre schlechten Ohren musste raus, in voller Lautstärke, jetzt sofort.

Er war ein kleiner Knirps, der mir etwas mitzuteilen hatte, und war auf meine Reaktion angewiesen. Gern hätte ich ihm mein Mitgefühl gezeigt, wenn ich nur verstanden hätte, worum es ging.

„... Haahe haban", hatte er mir zuvor erzählt.

Sein Wortschatz beinhaltete noch nicht alle Buchstaben und auch nicht immer in der korrekten Reihenfolge. Das machte es meinem schlechten Hörverständnis nicht einfacher.

„Frau Schussel, Sie leiden unter einer asymmetrischen Schwerhörigkeit", diagnostizierte die HNO-Ärztin bei mir. Die Diagnose beschränkte sich nicht nur in Bezug auf meinen Sohn. Doch bei ihm hatte ich die größten Verständigungsprobleme.

„Was hast du gesagt?", fragte ich freundlich nach.

„Blöder Mama!", giftete er mich an, weil ich ihn nicht sofort verstanden hatte.

„Nicolas, ich habe dich nicht verstanden", erklärte ich meine Problematik. „Sag noch mal, was du meinst." Meine Gekränktheit über die Beleidigung schluckte ich herunter.

„Ik wille langa Haahe haben", wiederholte er grimmig.

„Du möchtest lange Haare haben?", fragte ich nach. Wenn man mir eine zweite Chance gab, verstand ich den Sachverhalt besser.

„Ja", bestätigte er und kroch langsam wieder zum Vorschein. Nicolas steckte mitten in der Phase, lieber ein Mädchen sein zu wollen, gefolgt von rosa Kleidung und weiteren, lustigen Anflügen, in die Rolle des anderen Geschlechts zu schlüpfen.

„Besser jetzt als in zehn Jahren", dachte ich mir nur, aber seine Hanni würde lange Haare an ihm nicht gutheißen. Da war ich mir sicher, nachdem sich die Erzieherin bei mir empört hatte, wie der Junge nur mit rosa Langarmshirt in die Kita kommen konnte. Längst hatte sie ihn in ihr Herz geschlossen und konnte es nicht ertragen, wenn ihr kleiner Schützling von anderen ausgelacht wurde.

„Frau Schussel, Sie müssen bitte mehr noch auf meine Gefühle Rücksicht nehmen", bat mich Nicos Bezugsperson. „Sie sind einfach nicht konsequent genug!", beschuldigte sie mich.

„Hab ich mal wieder auf Ihren Gefühlen rumgetrampelt?", fragte ich nach, ob die Schuld wirklich bei mir zu suchen war.

„Ja, das haben Sie", bestätigte Frau Knallmeier, die ihrem Namen noch alle Ehre machen sollte.

Natürlich bekam ich die Schuld dafür, weil ich es zugelassen hatte, dass Nicolas das rosa Shirt anbehalten durfte. Wie ich bei allem immer die Schuld bekam. Ich kannte das schon. Denn als Mama konnte ich gefühlt sowieso nichts richtig machen.

Alles, was ich machte, machte ich für das Kind oder mit ihm zusammen, damit es ihm gut ging, damit es sich persönlich entfalten konnte, damit es gesund blieb und wuchs. Aber wehe, wenn ich anordnete, für draußen richtige Schuhe anzuziehen oder den Helm aufzusetzen, oder wenn ich ihm den Nachtisch verweigerte, weil das Mittagessen nicht angerührt wurde. Dann wurde ich sofort mit „Blöder Mama!" beschimpft. Oder wenn ich ihn falsch verstanden hatte. Dann sowieso.

„Das heißt aber blöde Mama!", verbesserte ich ihn das eine Mal, als er es wieder nicht richtig sagte. „Lern doch erst mal richtig Deutsch, bevor du beleidigst, dann nimmt man dich auch ernst!", lauteten meine Gedanken, die ich für mich behielt.

Jedes Mal versetzte mir seine Beleidigung einen Stich ins Herz. Es war wie ein Nadelstich bei einer Akupunktur. Doch bis tief in mein Herz brauchte sich die Nadel nicht durchbohren. Dieses Mal versuchte ich der Akupunktur auszuweichen, indem ich das Thema auf die Grammatik lenkte. Natürlich machte meine mütterliche Klugscheißerei die Verständigung mit ihm nur schlimmer.

„Bäh, bäh, bäh", motzte Nicolas mich an. Jetzt kam erst recht schlechte Laune hinzu. Beleidigt flüchtete er in sein Zimmer und knallte die Tür.

Als Mama hatte ich das Los gezogen, mich unbeliebt zu machen. Meine Anordnungen waren sinnvoll, um Nicolas eine sichere Kindheit zu ermöglichen, um ihm eine gesunde Ernährung nahe zu bringen, um Moral und Respekt zu vermitteln. Ich durfte ihm nicht alles durchgehen lassen. So was nennt man Erziehung. Aber die brachte mich eben auch an die Grenzen meiner Nerven, gerade weil die Verständigung so schwierig war.

„Sie müssen konsequent bleiben!", ermahnte mich Frau Knallmeier. Das wäre das A und O, sonst würde das Kind mir auf der Nase herumtanzen. Klar hatte sie recht. Aber abends hatte ich zusätzlich mit Müdigkeit zu kämpfen, gerade dann fiel es mir besonders schwer, konsequent zu bleiben. Rosa Shirt hin oder her.

„Mag ik nikt", maulte Nicolas mit Blick auf den Teller, nachdem er schon keine Hände waschen brauchte. Ich war zu erschöpft, meine 25. Anordnung des Tages durchzusetzen, und ließ es gut sein. Offensichtlich wollte das Kind mit dreckigen Händen weiterdiskutieren. Würde es diesmal eine Extrawurst bekommen?

„Friss oder stirb!", reagierte ich im Jähzorn. Selbst für die Extrawurst war ich zu müde, um sie an den Tisch zu holen. Wann merkte das Kind endlich, dass meine Freundlichkeit nicht unbegrenzt belastbar war?

„Mensch, Valerie, das kannst du doch so nicht sagen", meckerte mein Mann mit mir. Ständig grätschte er mir in die Erziehung. Das machte diese zusätzlich schwierig.

Frau Knallmeier musste mit der Zeit feststellen, dass ich mit ihrer Anordnung, konsequent zu bleiben, meine Schwierigkeiten hatte.

Dafür zeigte sie mir einen anderen Weg auf: „Sie müssen das mit Humor nehmen. Sie sind viel zu verbissen."

Das sagte die, die einen Knall hatte. Wer nahm denn das rosa Shirt nicht mit Humor? Für mich wäre es passabel gewesen. Dabei spielte sie auf die Veräppelung an, als Nicolas mich Norbert nannte. Klar, jede Mama will doch gern als Norbert gerufen werden. Außer die, die blöd ist. Oder was war hier los? Ich grinste vor mich hin. Mein Kind war manchmal eine Ulknudel: so komisch, so lustig, zum Verrücktwerden und zum sich Wegschießen. Sicherlich hatte seine Bezugsperson ihren Teil dazu beigetragen. Die beiden zusammen veräppelten sich mit der neuen Namensbezeichnung Horst und Hermann. Nicki hatte aus seiner Hanni nicht nur sprichwörtlich einen Hermann gemacht. Bei den Geschlechtern nahm mein Sohn es nicht so genau. Das kannte ich schon und inzwischen steckte ich in ihren Veräppelungen mit drin.

Um meinem Sohn die Geschlechterverteilung näherzubringen, las ich ihm aus einem Aufklärungsbuch vor. Dies brauchte ich zur Untermauerung meiner Weiblichkeit. Schließlich ging es nicht nur um das Wort blöd, welches dem Geschlecht angepasst werden musste. Ich erklärte ihm, weshalb es Männlein und Weiblein gab.

Plötzlich hatte Nicolas einen Geistesblitz: „Mama, ik wille lieber ein Mäden sein."

Er schaute mich mit strahlenden Augen an. Diesmal verstand ich ihn auf Anhieb.

„Du willst lieber ein Mädchen sein, aber warum?", fragte ich. Beinahe unmerklich schüttelte ich den Kopf. Dass mich seine Aussage irritierte, sollte er nicht mitbekommen.

„Damit ik Kinder kriegen kann", erklärte er logisch.

„Ah ja …!", ließ ich verlauten. Ich brauchte eine kurze Denkpause, bevor ich fortfahren konnte: „Das kann man sich nicht aussuchen und du bist eben als Junge geboren worden."

Insgeheim hoffte ich, ihn mit der Wahrheit nicht allzu sehr zu enttäuschen. Ich schaute ihm direkt in die Augen.

„Dann dollt du nok ein Kind kriegen", sagte er, um eine Lösung zu benennen, wie sich sein Wunsch doch noch erfüllen ließe. Seine Kinderlogik sprudelte nur so aus ihm heraus.

Durchaus wäre diese Alternative realistisch, wenn ... „Willst du noch ein Geschwisterchen haben?", fragte ich neugierig. Schließlich wollte ich wissen, was hinter dem Wunsch der Geschlechtsumwandlung steckte.

„Ja, einen Buder", bestätigte er kopfnickend.

„Okay, und warum einen Bruder?"

„Damee ike ihn ägern kann."

Bei jeder anderen Begründung hätte ich mit dem männlichen Mitspieler reden können, ob wir über weiteren Nachwuchs nachdenken sollten. Aber genau das war der Grund, es lieber bleiben zu lassen.

Mit der Zeit lernte ich, dass die Erziehung zwar eine Mammutaufgabe blieb, aber mindestens auch genauso lustig vonstattengehen konnte. Ich durfte nur nicht alles so ernst nehmen. Frau Knallmeier hatte wie immer recht, auch wenn sie Nicolas am liebsten als waschechten Jungen behalten hätte.

Damit sie wusste, was auf sie zukam, erzählte ich ihr von der Wahrheit: „Nicolas will sich die Haare lang wachsen lassen. Halten Sie das aus, Frau Knallmeier?"

„Lange Haare sind mir egal ... Die Kinder verkleiden sich sowieso gern im Rollenspiel. Da passt das gut", überraschte sie mich.

Ich war verwundert, dass ich sie falsch einschätzen konnte. Nicht mal Humor klang in ihrer Stimme mit. Sie verzog auch keinen Gesichtsmuskel, dass sie es nur als Spaß meinte. Ratlos stand ich da. Ich war eher auf Ärger eingestellt, weil ich Nicolas sich ausprobieren ließ, wie ein Mädchen lange Haare zu tragen. Nun fiel mir keine Retourkutsche der Veräppelung ein. Frau Knallmeiers Reaktion blieb unberechenbar.

Am Ende sollte sich herausstellen, dass ich es in diesem Fall gar nicht mit Frau Knallmeier selbst zu tun gehabt hatte, denn von ihrer eineiigen Zwillingsschwester erfuhr ich erst viel später ...

Wie die wahre Veräppelungsgeschichte über die schöne Kindergartenzeit endet, steht in dem Buch „Blöder Mama!" geschrieben. Dies war ein Ausschnitt in Kurzform.

Valerie Schussel *wurde 1985 in der Grafschaft geboren und lebt derzeit mit ihrem Mann und den beiden Kindern im Rheinland. Nachdem sie ihr Abitur auf dem Fachgymnasium für Sozialpädagogik und Psychologie vorzeitig aufgegeben hatte, wechselte sie doch noch erfolgreich zur schulischen Ausbildung zur Fremdsprachenkorrespondentin und knüpfte in den Niederlanden mit dem Studium für Wirtschaft und Sprachen an. Beruflich verschlug es sie zuerst nach Düsseldorf und der Liebe wegen weiter nach Köln. Hätte sich bei ihr im entscheidenden Moment auch nur ein Fünkchen mehr Verstand für die Pädagogik etabliert, würde es sehr wahrscheinlich die vierköpfige Familie in dieser Konstellation heute so nicht geben. Dann wäre beruflich alles anders gelaufen und sie ihrem Mann nie über den Weg. Ihre Kinder können sich also glücklich schätzen, dass ihre Mama für den täglichen Umgang mit ihnen so was von nicht richtig ausgebildet ist. Was alles schiefläuft, steht in dem Roman „Blöder Mama!", der ihre erste Veröffentlichung ist.*

Nur Geduld

Würde er sich selbst von außen als sogenannter Dritter sehen, dann würde er sich furchtbar ärgern. Er würde es nicht oder schwer begreifen können, was er gerade tat. Er würde den Kopf schütteln und sich fragen, weshalb er in diesem Augenblick nicht die nötige Geduld aufgebracht hatte, um nicht derart loszutoben, wie er es soeben getan hatte. Weshalb schimpfte er so lautstark mit seinem Kind, das doch nur im Sand des Buddelkastens weiterspielen wollte? Sein Kind hatte sich vorgestellt, es sei ein Baumeister, der eine Burg baut. Und wenn die Burg fertig war, dann sollten dort drin der König und seine Gemahlin sowie eine Prinzessin wohnen und stolz herumschreiten. Der König wäre ihr Papa, die Königin ihre Mutter und die Prinzessin wäre natürlich sie selbst gewesen. Eine Vorstellung, die sie so fasziniert hatte, dass sie überhaupt keine Lust verspürte, jetzt mit ihrem Papa diesen – in ihren Gedanken spannenden – Platz zu verlassen.

Mehrmals hatte ihr Papa gesagt: „Melanie, jetzt wird's aber langsam Zeit, dass du mit dem Spielen aufhörst. Wir müssen los." Sein Ton wurde von Aufforderung zu Aufforderung schärfer und lauter. Aber Melanie war so in ihre Burgwelt vertieft, dass sie Papas Mahnungen nicht wahrnahm. Und so kam es, wie es kommen musste, Papa rastete aus. Er packte Melanie an ihren Oberarmen, hob sie aus der Sitz- in die Stehposition und schimpfte lautstark auf sie ein. Sie konnte überhaupt nicht begreifen, weshalb ein solches Unwetter über sie niederging. Sie war sich keiner Schuld bewusst, denn sie hatte in diesem Augenblick nichts anderes getan, als in der Stunde vor diesem Augenblick. Sie hatte nur gespielt.

Und Papa? Der hatte doch diese eine Stunde auch nur auf der Bank des Spielplatzes gesessen, Zeitung gelesen und ab und zu mal zu Melanie geblickt und ihr liebevoll zugelächelt.

Und dann so etwas. Wieso?

Melanie konnte sich in die Gedankenwelt ihres Papas nicht hineinversetzen. Sie wusste nicht, dass Papa mit Mama eine Terminverabredung hatte. Sie konnte es weder wissen noch erahnen. In die Gedankenwelt eines Erwachsenen kann sich ein Kind nicht hineindenken. Ihm fehlt dafür alles, was man Entwicklung nennt. Melanie fehlen die Schritte zum Heranwachsenden, zum Jugendlichen, zum Erwachsenen. Das Wissen aneignen und das Erfahrungen machen, also das Heranreifen vom Kind zum Erwachsenen, hat sie noch vor sich. Jetzt lebt sie in ihrer eigenen kleinen Kinder-Gedanken-Welt.

Papa aber hatte es unterlassen, sich in die Gedankenwelt seiner Tochter Melanie zu versetzen. Er hatte es leider auch nicht im Ansatz getan. Denn hätte er sich darin versucht, dann hätte er bestimmt Verständnis für ihren Spieltrieb aufbringen können. Er hätte durch eine andere Strategie und damit andere Überzeugungsarbeit sein Ziel, nämlich in Kürze aufzubrechen, erreichen können. Ein Gespräch auf der Gedankenebene seiner Tochter hätte die Lösung gebracht. Und woran scheiterte das?

Verständnis ist der Schlüssel zur Geduld. Es scheiterte am vom Papa nicht aufgebrachten Verständnis. Um die Handlung seiner Tochter zu verstehen und die notwendige Geduld aufzubringen, hätte er sich nur kurz in ihre Gedankenwelt versetzen müssen. Ihm wäre klar gewesen, dass sie nicht so ohne Weiteres ihren Burgbau und das erwartete gespielte Auftreten von König, Königin und Prinzessin beenden konnte. Der Widerstand von Melanie und die daraus sich entwickelnde für beide Seiten unangenehme Situation musste zwangsläufig eintreten.

Verständnis und Geduld fehlen uns leider im Alltag viel zu häufig. Mal sind es die unmöglichen Autofahrer vor uns in der Schlange, mal sind es die Menschen, die an der Kasse einfach nicht mit dem Herauskramen von Kleingeld fertig werden wollen. Mal sind es die aus unserer Sicht zu großen, kräftigen Mitbürger, die in der Reihe vor uns im Theater Platz genommen haben und unsere freie Sicht auf die Bühne etwas versperren. Natürlich kann diese kräftigere Person nicht plötzlich schmaler und kleiner werden. Aber möglicherweise kann sie sich im Theatersessel etwas kleiner machen.

Ein andermal sind es die Mitbürger, die schon nach dem ersten Bekanntwerden, dass Asylbewerber im Ort aufgenommen werden sollen, Zeter und Mordio rufen. Es ließen sich beliebig viele Beispiele anführen.

Denken wir an die körperlich oder geistig Behinderten. Sie alle bedürfen unserer uneingeschränkten Aufmerksamkeit und unser aller Verständnis und Geduld.

Und seien wir mal ehrlich, jeder so ganz still für sich, wem ist nicht schon der Kragen geplatzt, weil die Geduld am Ende war? Geduld, die eigentlich nicht am Ende zu sein brauchte, hätte man mehr Verständnis aufgebracht. Verständnis, das man bekommen kann, wenn man versucht, sich in die Gedanken- und Erlebniswelt des jeweils anderen hineinzuversetzen. Ob in sehr junge, ältere oder sehr alte Menschen, in Menschen mit oder ohne körperliche oder geistige Einschränkungen, ganz gleich. In die Gedanken- und Erlebniswelt der anderen findet man durch Beobachten und durch das Gespräch Einlass.

Sprechen wir miteinander!
Üben wir uns im Aufbringen von Verständnis und Geduld!
Dazu benötigen wir genau das: Geduld!

Charlie Hagist wurde 1947 in Berlin-Steglitz geboren. Nach Grund- und Oberschule absolvierte er eine Ausbildung zum Bankkaufmann. Während seiner Tätigkeit in der Personalabteilung des Hauses bildete er sich zusätzlich zum Personalfachkaufmann (IHK) weiter. Ehrenamtlich war er als Richter am Amtsgericht Berlin-Tiergarten, am Sozialgericht Berlin und danach am Landessozialgericht Berlin tätig. Charlie Hagist ist verheiratet, hat einen Sohn.

Herz über Kommerz

Ich kaufe unserem Sohn regelmäßig Bilderbücher, wenn ich irgendwo unterwegs bin. Dies sicher einerseits, um ihn für Kultur im Allgemeinen zu begeistern, aber andererseits auch, um ihm zu zeigen, wie unheimlich gerne ich ihn habe. Dieses durch die Gesellschaft akzeptierte Schenken als Ausdruck von Liebe ist etwas, das ich leider nur schwer ablegen kann, doch ich arbeite daran.

Es ist mir absolut bewusst, dass Zuneigung wichtiger als Zuwendung ist. Unser Sohn soll sich später schließlich nicht an die vielen Geschenke, sondern an die gemeinsame Zeit voller Aufmerksamkeit erinnern.

Gerade in der heutigen Zeit scheint es elementar zu sein, meinem Kind mit auf den Weg zu geben, dass Herz wichtiger ist als Kommerz. In einer Gesellschaft, in der Egoisten Hochkonjunktur haben, empfinde ich es als meine Pflicht, Haltung zu zeigen und auch bei Projekten zu helfen, bei denen nicht der Profit, sondern die Liebe zur Sache im Fokus steht.

Viel zu häufig lassen wir uns von kalten Zahlen leiten, anstatt auf unser Bauchgefühl zu hören. Und am Schluss des Lebens sind es doch die guten Taten und nicht das volle Bankkonto, die von einer Person in Erinnerung bleiben.

Logisch ist es spannend, darüber nachzudenken, was aus dem Jungen einmal wird. Wird er studieren oder eine Lehre machen? Interessiert ihn mal das Sportliche oder wird er eher in der Kultur zu Hause sein? Auch wenn dieses Fantasieren hin und wieder lustig ist und meine Frau und ich seine Zukunft uns schon in den buntesten Farben ausgemalt haben, ist es vor allem ein Satz von ihr, der alles ganz gut zusammenfasst: „Es ist egal, was aus ihm mal wird, solange er dabei glücklich ist."

Ich hoffe, wir erschaffen ihm durch unsere Aufmerksamkeit und unsere Zuneigung täglich ein Fundament, auf welches er aufbauen kann. Wichtig ist nicht, dass er einen Beruf findet, der ihn zu einer wohlhabenden Person macht. Wenn er jedoch irgendwann eine hilfsbereite Persönlichkeit mit Werten und Haltung wird, haben wir einiges richtig gemacht.

Christian Imhof, *geboren 1988, ist ein Musiker, Autor und Journalist. Für sein Schaffen in diesen unterschiedlichen Bereichen wurde der Prättigauer 2023 vom Kanton Graubünden mit einem Förderpreis ausgezeichnet. Hauptberuflich ist der Kreative, der zudem unter dem Künstlernamen Chris Bluemoon bekannt ist, seit April 2021 als Redaktionsleiter der Zeitung „Prättigauer & Herrschäftler" sowie seit Juni 2019 als Gründer und Verleger des Onlinemagazins „Qultur" tätig. Imhof ist verheiratet, Vater von einem Sohn, geboren 2021, und lebt in Grüsch.*

Ist-Zustand heute

Eltern und Erzieher begleiten das Kind in seinem Werden. Liebe, aber auch Konsequenz geben Halt und Richtung. Ohne eins von beidem fehlt eine Sicherheit. Entweder Fehler machen zu können beziehungsweise nicht unfehlbar zu sein oder sich an etwas oder jemandem reiben zu können (Resilienz). Widerstände und Überforderung sind notwendig, um im späteren Leben damit klarzukommen. Viele glauben, dass man nur entsprechend dem Alter des Kindes mit ihm sprechen oder handeln kann. Doch gerade als Mann erlebe ich, dass Kinder sich freuen, Dinge zu tun oder zu probieren. Wichtig ist, dass das Kind keiner Gefahr bei dem Versuch ausgesetzt ist. Aber warum sollen Dreijährige nicht schon versuchen, mit einem Sprungseil zu springen, zu balancieren oder auch mal einen Akku-Bohrer zu bedienen (mit Arbeitshandschuhen).

Wenn ein Kind merkt, dass man es so nimmt, wie es ist, kann man auch mit ihm schimpfen, ohne dass es enttäuscht ist. Wohlgemerkt, wenn es berechtigt ist. Es mag einen trotzdem noch oder gerade deshalb. Es sucht seine Grenzen.

Es geht einem doch genauso. Man arbeitet lieber mit jemandem, der einem ab und an in die Richtung weißt, als mit Menschen, die vorn herum tun, als können sie einen leiden, hintenherum lästern sie über einen ab. Und Kinder haben dafür ein besonderes Gespür.

Andreas Rucks, *geboren 1979 in Stollberg/Erzgebirge, Erzieher im Bewegungskindergarten in Aue-Bad Schlema. 2005 erstes Buch veröffentlicht „Träume und Realität – poetische Texte". Seitdem sind zahlreiche Texte in Anthologien veröffentlicht worden. Herausgeber der Bücher: „Essen im Schulprojekt – mit vollem Bauch lernt es sich besser" (2009) sowie „Die Straßennamen der Stadt Aue – einer Stadt mit vielen Bezeichnungen"(2015).*

Der Auszug

Regennass steht sie vor mir. Ein deftiger Guss torpediert die Ausrichtung ihrer kastanienbraunen Haare. Tropfen beträufeln ihre Stirn, benetzen ihre ausgetrockneten Wangen, werden zu Rinnsalen aus Tränen, die zu ihrem Kinn hinstreben. Sie beweint Leon. Ihr *Auf Wiedersehen* heißt *Lebewohl*. „Adieu Leon, ab heute gehen wir getrennte Wege!"

In unserer Stätte für intelligenzgeminderte Erwachsene arbeitet Leon. Bisher wurde er nach Feierabend von seiner Mutter abgeholt. Von nun an soll er eigenständig werden, in einem Zimmer des angegliederten Wohnheims Heimat finden. Bin ich befugt, seiner Mutter mitzuteilen, was sie im Verborgenen wohl ahnt? Als langjähriger Pfleger vertraue ich darauf, sobald sie akzeptiert, einzig loszulassen, kann ihre Wunden heilen, wird der Schmerz des Abschieds allmählich milder.

Verdattert und gekrümmt, wie sie dasteht, entgeht mir nicht, ihre Gebrechen seien temporär, Sorgen beugen ihr Rückgrat, rütteln wie gewichtiger Schnee an Bäumen, den ihre Äste nach überstandenen Wintermonaten ganz einfach abschütteln. Die Verbindung von Leons Schicksal und der Verfassung seiner Mutter ist untrüglich. Ihre Nerven seien auf der Strecke stetiger Förderprogramme liegen geblieben, bricht es aus ihr heraus. Haufenweise banale Komplikationen hätten ihre Fähigkeit, Leon zu beaufsichtigen, geschmälert, sie würden sie demnächst voraussichtlich zerschmettern. Leons frühkindlich unlenkbares Brabbeln, sein zu nichts hinführendes Lautieren, das fortwährend unmotivierte Schaukeln mit dem Oberkörper und wie er seine Augen nachzieht, wobei er seinen Kopf längst gedreht hat, die Summe der Unzulänglichkeiten belaste sie.

Ich nicke. Bleibe stumm. Ihre desolate Verfassung ist ein Hilfeschrei.

Eine Liste übergibt sie mir, wahrlich keine kurze. Konkrete Umgangsforme(l)n stehen darauf. Pfleger müssten imstande sein, die von ihr beschriebenen Assistenzleistungen abzurufen. Tag und Nacht. Bevor sie sterbe, ihr Geist nachlasse, müsse sie Leon den Wohnplatz sichern, Verantwortung abgeben. Pflege, ich bitte, lediglich von Männern! Innerlich sträube ich mich gegen ihre vertrackte Systematik. Sie referiert, hört mir nicht zu, wässert mit ihrem unverminderten Tränenfall das Laminat und wiederholt ohne merkliche Scham ihre Bedenken. Sie teilt mit. Teilt aus. Verteilt Ratschläge. Konzepte. Sprache scheint ihr ein unzureichender Kanal. Ihre frequentierten Mitteilungen verlangen nach agileren Medien. Der Strudel ihrer fahrigen Rede begräbt mich unter sich. Wie Wellenkämme, die aus Unverständlichkeit gemacht sind, brechen ihre Worte über mich herein. Sie schäumt. Was sie sagt, wird zunehmend diffuser. Kann ich ihre essenziellen Anliegen aus dem Nebel des Durcheinanders herauslotsen, aus dem Parcours, in dem sie gegen Leon kreuzende Hindernisse ficht? Ihre Stimme ist wahrhaftig ein Florett.

Eine Kurzfassung ihrer Erwartungen stenografiere ich auf meinen Zettel. Schonend, nach und nach, das nehme ich mir vor, werde ich ihre siedenden Ansprüche heruntertemperieren. Leon muss die Reise seines eigenen Lebens begehen. Heute beginnt sie.

Ihr Rock ist ein träger, von Niederschlägen gebeutelter Stofffetzen, dessen Saum es nicht gelingen will, Wasser abzuweisen. Schleppt dieser Rock einen Ballast, der die missliche Lage von Leons Mutter vertritt?

Sie betrachtet mich ausdauernd von der Seite, mich, den Pfleger im kurzen Shirt. Ihre Blicke brennen wie dumpfe Nadelstiche, sie impfen mich mit dem Leitsatz: „Behandle Leon mit Nächstenliebe, unbedingt!"

Sie hört einfach nicht auf, sie vergießt so viele Tränen, dass es eine Zumutung ist, wenn ein Mensch allein sie weinen muss.

Als sie bereits im Türrahmen steht, im Begriff ist, die Stätte zu verlassen, nehme ich sie als Schattenriss wahr. Ihr Parfüm, ich kenne die Marke, haftet im Flur, gleichermaßen bitter wie süß. Ich inhaliere ihre Gerüche, auch den untergemischten Schweiß, die Ausdünstungen von Eltern mit Kindern, deren Schicksal zeitlebens Sorgen bereitet. Beinahe keine Dosis an Parfüm würde reichen, sie zu eliminieren. Ich reibe mit dem Handrücken über meine feuchten Lippen, an denen ich während der Kanonaden unablässiger Äußerungen von Leons Mutter geleckt habe.

Trifft sie ihre Vorkehrungen zu spät? Ihre Bindung zu Leon ist derart eingefahren, dass sie in der Übergabe ihres Sohnes an die Einrichtung ein persönliches Scheitern identifiziert. Es gäbe keinen Gewinner, meint sie, doch stimmt ihre These? Wenn man bis ins Erwachsenenalter zu Hause wohnt, wäre jeder Einschnitt eine Tragödie. Eltern behinderter Kinder müssten ewig jung bleiben. Das Alter ist gerade bei ihnen eine brutale Zäsur, denn Vergreisung verdammt sie in ihrem Fall zur Trennung. Erst das Älterwerden war Leons Mutter Mahnung genug, seinen Umzug zu tätigen. Herzlichen Glückwunsch.

Eigene Grenzen permanent zu missachten, zerstört den Menschen. Daher kommt Leon zu uns. Unwiderruflich. Ohne Probewohnen zieht er in unser Heim.

Sie wäre im Betreuungsprozess Leons zu einem Wrack geworden, sagte seine Mutter mir vor geraumer Zeit. Dabei kein Blickkontakt. Solche Geständnisse bleiben meinem Geist eingebrannt. Eine unsichtbare Zelle hält das Innenleben des Pflegers gefangen. Kein Tribunal fällt gröbere Urteile als moralische Gewissenhaftigkeit. Meine Selbstgespräche sind die schärfsten Richter. Ich muss den grauen Nuancen inmitten von Schwarz und Weiß endlich ihre Berechtigung zugestehen. Tue ich das nicht, sind karitative Einrichtungen verratzt. Oder mindestens Leon. Er hat ein Handicap. Er ist ein Mensch. Er braucht mich.

Leons Umzug wird ein Erfolg.

Diese Einstellung möchte ich den Wohnheimmitarbeitern nahebringen. Wer, wenn nicht ich, sollte daran glauben? Ich bin Assistent, Botschafter und Vermittler, Elternvertreter, Fürsprecher, Anwalt und gebe bei all meiner Einsatzbereitschaft nur ungern zu, dass die Beziehung zu Leon durch mein Dienstende abgeriegelt ist. Während des Gesprächs mit Leons Mutter vorhin habe ich unsere Azubine beauftragt, ihn in einem separaten Raum zu beschäftigen. Die jede Erträglichkeit sprengende Emotionalität seiner Mutter hätte ihn gewiss verstört.

Sie ist gegangen und ich gehe mit ihrem Sohn in die Wohngruppe. Nach den anstrengenden Stunden zeige ich ihm sein zukünftiges Zimmer. Ich kenne die Pfleger von Schnittstellengesprächen und übergreifenden Kooperationen zwischen WG und Tagesstätte. Leons Augen schweifen, gleiten an Gegenständen unterschiedslos ab, als träfen sie auf eine Serie von Gletschern, auf eine Gebirgskette ohne Grip. Er muss sich in der fremden Umgebung eben erst einfinden.

Wir setzen uns in Korbstühle. Nebeneinander. Leon rückt heran, bis sein Ohr auf meiner Schulter weilt. Ein Aquarium steht gegenüber.

Leons Pupillen versteinern an den Fensterputzern. Ihren Namen nenne ich ihm nicht, am Ende denkt er, ich möchte ihn veräppeln. Der Terminus Fensterputzer ist für ihn anderweitig vergeben, für eine multidimensionale Betrachtung fehlen ihm die Speicherplätze. Leon schnappt nach Luft oder simuliert er mit seinem urplötzlich regungssüchtigen Mund das Vokabular der Fische? Lehren sie Leon, in ganzen Sätzen zu formulieren, steht aus dem Grund ein Aquarium auf der Kommode?

Würde ich mir mit Sprachförderung mittels eines Laptops, das ich für Leon anzuschaffen gedenke, das Bilder mit Sätzen kombiniert, mein berufliches Grab schaufeln? Würde ich mich fortan in therapeutischen Sphären bewegen, Leon aufrühren, nur um ihn anschließend verunsichert alleinzulassen?

Das Essen wird serviert, noch gehe ich nicht. Aus zwei Gerichten hat er per Fingertipp gebratene Nudeln gewählt, alsbald verschlingt er sie, eine Würgeschlange schimmert in seinem Gebaren, ein Kriegskind nach dem Fund eines Wecken Brotes. Leons Appetit hapert es an Regulation. Wenn geistige Fähigkeiten lediglich basal ausgebildet sind, braucht es simple Befriedigungen, fixe Punkte im Tagesgeschehen. Essen und schlafen, schlafen und essen. Für Verrichtungen, die sogenannt normale Menschen mühelos vollbringen – einkaufen oder Bad putzen – kommt Leon erst gar nicht infrage.

Wenn er einen besonders leckeren Bissen erwischt, etwa mit einer Extraportion Sojasoße getränkte Nudeln, dann quiekt er und manchmal entgleitet ihm dabei nachhaltig seine Stimme.

Wir höhnen dem Umweltschutz. Plastikbesteck und Trinkbecher aus ähnlichem Material ersetzen Glas und Porzellan. Was vom Tisch gestoßen werden könnte, ist somit unkaputtbar. Sobald ich in den Dienst komme, freut Leon das wie eine üppige Mahlzeit. Das ist seine Art der Adelung.

Ich krame nun in meiner Tasche, hol den Ramazzotti heraus. „Hier", sage ich, der ist für dich. „Eine CD, nicht der Kräuterlikör", scherze ich.

Keine Höflichkeit zwingt Leon, auch nur ansatzweise über meine Witze zu schmunzeln. Begreift er das Wohnheim als seinen neuen Wohnraum? Versteht er überhaupt, dass er von seiner Mutter ausgezogen ist? Ich gebe den Animateur, ich bin es ja gewohnt, ihn zu unterhalten. Ich versuche, meinen Humor seinem Befinden anzupassen, Individualisierung nennt man das im Jargon der Pädagogen. All das ist vergebens. Meine Späße lassen Leon unangetastet.

Ist es nicht fabelhaft, dass wir hier nicht in bar bezahlen müssen? Wenn wir fertig sind mit dem Essen, können wir abräumen und gehen.

In mir keimen Fragen: Kann ich Leons oftmals stereotypem Geplapper entnehmen, ob er mit dem Umzug einigermaßen zurechtkommt? Falls er Unmut äußern würde, hätte ich ein Rezept, jenen zu parieren? Wo bleibt die vielfach geforderte Selbstbestimmung des behinderten Menschen, wenn in Gesprächen ohne seine Anwesenheit über ihn befunden wird, wie weit ist es mit seiner Gleichberechtigung her?

Ich muss gestehen, in manchen Bereichen, genau genommen in den meisten, ist Leons Einbezug illusorisch.

Vom Mond begleitet, treiben wir nach dem Essen den schmalen Trampelpfad entlang der Isar. Leon, du tust mir leid, deshalb gehe ich heute ausnahmsweise jenseits meiner Dienstzeit mit dir spazieren. Wir schlendern vorbei an von mir niemals betretenen Cafés. Meine Schritte sind riesig, deine hingegen winzig. Du machst etliche, ich kaum welche. Obgleich unsere Schritte auf der teils verwundenen Strecke unterschiedlicher nicht sein könnten, gelangen wir zeitgleich bei der steinernen Brücke an. Verblüffend, nicht wahr? Ich beschleunige den Gang nach unserer Pause und du machst mit. Vermutlich braucht es den Kick meines kurzzeitigen Vorsprungs, damit du abermals in Tritt kommst. In Bewegung unterhält es sich besser. Wir gehen eine ausgiebige Runde, denn ich brauche Bewegung und du sowieso.

Auf Höhe des stillgelegten Einkaufszentrums zersplitterst du das Wort Rolltreppe, verstümmelst seine Buchstaben durch deine eigentümliche Intonation. Ich trage bei, ich wüsste, dass du vor dem Schlag, wie deine Mutter das Erlebnis am besagten Tag nennt, bevorzugt gegen die herkömmliche Richtung die Stufen hochgerannt bist. Sicherlich denkt auch sie hin und wieder an Entwicklungsstufen, die Jugendliche gewöhnlich durchleben, sofern ihnen nicht passiert, was dir geschehen ist. Vergleiche quälen sie, vor allem jetzt, da du auszieht, weitgehend alleine zurechtkommen sollst, im eigenen Zimmer, mit wechselnden Assistenten.

Deine Mutter hat beteuert, das Allerschlimmste hätte sie inzwischen ausgestanden, doch die Bilder von damals seien ihr jederzeit präsent. Ist ja auch logisch Leon, ein dickes Band verbindet euch, bis zu ihrem letzten Atemzug bist du ihr Kind – oder möglicherweise noch länger.

Dein Gang wirkt abgehackt wie deine Sprache, ruckartig bleibst du stehen, blickst dich um, als wolltest du die bewältigte Strecke mit deinen Augen in Metern vermessen.

Als wir beim Wohnheim angekommen sind, betrachtest du den silbernen Pflanzenkübel neben dem Eingang. Bewunderst du seine Beständigkeit?

Fluktuierende Belegschaft, in Schichtmodellen tätiges Personal, vom Bezirk festgelegte Minuten, die jeder Pfleger pro Mann und Nase aufwenden darf. Die Realität hat wenig Konstanz und noch viel mehr Eile.

So unmittelbar vor deinem Eintritt fuchtelst du mit den Armen, bist du nervös, ist dir etwa mulmig? Ich weigere mich, die mir von deiner Mutter hingeknallten Sätze ungefiltert an dich weiterzureichen. Verglichen mit den Biografien deiner Freunde von einst kann dein Lebenslauf nur schlecht abschneiden, es ist hundsgemein.

Deine linke Hand erlahmt auf dem silbernen Knauf der Zugangstür. Du warst schon immer blass, jetzt bist du noch blasser. Der Kranz an der Tür, dieses an sich liebliche Gesteck, scheint dich nicht im Geringsten zu trösten.

Gedanklich kehre ich zu deinem Fahrrad am Unfallort. Nach deinen Kumpels wolltest du die Straße queren … Ohne nach rechts zu schauen, von da kam nämlich das Auto, bist du losgefahren. Nichts anderes haben auch deine Freunde gemacht. Dich hat es erwischt. Du hast das eine Los gezogen.

„Überlebt mein Leon, habe ich gefragt, seine Wangen sind ganz blutig, seine Knochen verschoben …" Der Anblick deiner Mutter, als sie mir davon erzählte, bleibt mir unvergessen. Der Frust, der ihren herabgesunkenen Mundwinkeln eingeschrieben stand, aber auch der unverhofft aufblitzende Dank in ihren Augen, das Leuchten, als sie zu mir sagte: „Immerhin ist mein Leon durchgekommen."

Ich lotse dich zu den Pflegern, vorrangig sind es ja Pflegerinnen, und mehrheitlich sind sie jünger als du. Bis zu deinem morgigen Besuch unserer Stätte werden sie nun zuständig für dich sein.

Mich schüttelt ein Gedanke wie ein Schauer: Wären die Momente vermeidbar gewesen, derentwegen du jetzt isoliert von deiner Mutter lebst?

Ich trotte zum Parkplatz an der Schlosserei und erinnere mich dabei an die Berichte deiner Mutter darüber, wie du die Suche nach selten freien Lücken ausgekostet haben sollst, wenn du mit ihr in die Stadt gefahren bist, um neue Hosen zu besorgen. Lange her. Du warst gesund. Kurz danach das Verhängnis, die Wende, der totale Zusammenbruch.

Jetzt stehe ich vor meiner Autotür wie ein Kletterer vor einer unbezwingbaren Steilwand, weil ich nicht weiß, ob ich dich, lieber Leon, in deiner ersten Nacht in unserer Einrichtung alleinlassen darf, wo dir die Tage hier drinnen zwar geläufig, doch die Nächte noch völlig fremd sind.

Oliver Fahn, *geboren 1980, Pfaffenhofen an der Ilm, verfasst regelmäßig Kurzgeschichten für Kulturmagazine und Anthologien. Seine jüngsten Erfolge: „An der Pforte zur Teilhabe" bei Poems of Liberty Projekt Europa 2050 von der Friedrich Naumann Foundation (einer der beiden Sieger in der Kategorie „Europe of its Citizens"). „An der Seite des sonderbaren Mannes" für die Anthologie „ungebunden" der Stadt St. Pölten (eine von 20 ausgewählten Geschichten).*

Lebensschmiede

Nach der Schule ist
vor der Schule,
dass du dies nie vergisst,
ein Leben langes Lernen.

Mal bist du besser,
dann wieder schlechter,
mal ohne Lust
dafür großem Frust.

Du quälst dich durch die Bücher,
schreibst hunderttausend Stifte leer
und ein paar Wochen später
erinnerst du dich nicht mehr.

Lehrer, Eltern und die Omi
halten dich auf Trab,
Hausaufgaben und die Zeugnisse –
gib auf deine Noten acht!

Letztendlich zählt,
was du selber aus dir machst.
Ob du die Zeit mit Zocken hast verprasst
oder Lesen, Schreiben, Rechnen auserwählt.

Wer nicht lernt,
wird auch nichts werden.
Ohne Leistung kein Erfolg.
Dann wird dich halt das Leben lehren.

Sei dankbar für die Bildung
die dir hier gegeben,
blick in andere Länder,
wo Kinder nicht zur Schule gehen dürfen.

Schätze deine Lehrer*innen,
die alles für dich tun,
damit dein Lebensglück
in Zukunft sicher ist.

Schule gibt dir nicht nur Bildung,
sondern Freunde und Verstand,
lass dich von der Schule prägen,
sei gestählt wie von des Schmiedes Hand.

Also merk' dir:

Wer heut' nicht lernen will,
der wird nie für sich und andere sorgen,
und soll sich nicht beschwer'n am Morgen,
wenn alle außer ihm zur Arbeit gehen dürfen.

Meiner ehemaligen Schule „Katholische Grundschule in St. Tönis" gewidmet.

Thomas Krieg, *geboren 1971 in Mainz, lebt in Erkelenz. Studium der Naturwissenschaften (Biologie, Physik, Exp. Psychologie) in Heidelberg und Düsseldorf. Tätigkeit als Berufsberater. Beschäftigung mit Malerei und Grafik seit 1985, mit Lyrik seit 2000. Zahlreiche Veröffentlichungen in Lyrikanthologien. Betreiber des Lyrikblogs www.neuelyrikbrauchtdasland.de sowie des gleichnamigen Youtube-Kanals. Mitglied der Literaturvereinigung Die Gruppe 48 e.V..*

Trampelpfade

Der Beifall zur Pause ist verklungen und alle Zuhörer machen sich auf den Weg ins Foyer. Die Beine kurz vertreten, bevor die zweite Hälfte des sogenannten Kinderkonzerts beginnt, können alle gebrauchen. Auch Max und seine Eltern.

Kaum haben sie den Konzertraum verlassen, fragt Max' Vati den vorhin neben ihm sitzenden Mann, ob er ihn kurz ansprechen darf.

„Entschuldigen Sie bitte", beginnt er, „ich habe vorhin bemerkt, dass Sie Ihrem Sohn etwas in deutscher Sprache sagten, während Ihre Frau japanisch mit ihm sprach. Habe ich das falsch gehört? Ich wollte nicht lauschen, aber das fiel mir auf."

„Da haben Sie richtig gehört", bestätigt er. „Wollen wir uns nicht ein ruhigeres Plätzchen zum Plauschen suchen?", fragt er und zeigt auf eine Ecke des Foyers, in dem es ruhiger zu sein scheint.

„Gehen wir hinüber, wenn es Ihnen nichts ausmacht", sagt Max' Vati und alle finden sich in der gewählten Ecke zusammen.

Max' Vati stellt sich, seine Frau und seinen Sohn vor und auch der andere Mann nennt seinen Namen und den seiner Frau und seines Sohnes. Anschließend erkundigt sich Max' Vati: „Und Ihr Sohn versteht beide Sprachen?"

„Ja, das kann er. Wissen Sie, ich bin bei einer großen Firma angestellt und wurde von dieser Firma nach Japan entsandt, um dort unsere Firma zu repräsentieren. Da musste ich notgedrungen Japanisch lernen. Ich lernte in Japan meine Frau kennen. Für sie bestand natürlich umgekehrt das Problem, nicht deutsch sprechen zu können."

„Aber inzwischen kann ich das einigermaßen gut", ergänzt sie die Aussage ihres Mannes.

„Nicht nur einigermaßen gut, sondern sehr gut", lobt Max' Vater.

„Das liegt daran, dass wir kurz vor der Geburt unseres Sohnes nach Deutschland zurückkehrten und sie sich hier zurechtfinden wollte. Und als unser Sohn dann geboren wurde, sprach sie mit ihm japanisch, während ich deutsch sprach. Und so hat unser Kind Japanisch und Deutsch fließend gelernt."

„Ist ja irre, einfach irre", sagt Max. „Japanisch, eine in meinen Augen schwere Sprache, das kann ja keiner einfach nur so lernen. Toll!"

„Mein Computer kann auch Japanisch", sagt Max' Vati stolz.

„Da gibt's ein *Ja, aber* ... In Ihren Computer wurden die Worte in japanischer Sprache einprogrammiert. Von allein kann er das nicht. Und sie so lernen wie ein Mensch, das kann er bis jetzt auch nicht. Wenn Sie Ihren Computer nach dem Kauf das erste Mal einschalten, dann werden Sie am Bildschirm gefragt, in welcher Sprache Sie mit ihm kommunizieren wollen. Sie haben dort eine sehr umfangreiche Sprachenauswahl zur Verfügung. In allen diesen Sprachen wurden die Gebrauchsanweisungen dem System vom Werk aus einprogrammiert. Der Computer braucht die Sprache, also die hinterlegte Dokumentation, nur abzurufen. Das ist jetzt ganz vereinfacht gesagt. Da steckt natürlich eine ungeheure Programmierarbeit hinter. Das alles zu erklären, würde länger als die Konzertpause dauern."

„Und unser Gehirn ist bei der Geburt so beschaffen, dass es, egal wo das Kind geboren wird, die Sprache erlernt, die es hört. Von der Bezugsperson, die sich mit ihm beschäftigt. Das kann Japanisch, Französisch, Rumänisch, Holländisch, Englisch oder Deutsch oder sonst eine Sprache sein. Oder eben mehrere Sprachen wie bei unserem Kind."

Max und der andere Junge, er heißt Phillip, stellen sich wenige Schritte abseits der Erwachsenen.

„Kannst du mir bitte ein paar Wörter oder Sätze auf Japanisch sagen?", bittet Max.

„Na klar doch." Und dann legt Phillip los.

Für Max klingt diese Sprache, als würde er selbst Worte rückwärts sprechen. Er versucht, einzelne kurze Worte nachzusprechen, scheitert aber bald und gibt auf.

Im weiteren Gespräch, inzwischen wieder auf Deutsch, stellen beide fest, dass sie gar nicht so weit voneinander entfernt wohnen. Und so verabreden sie, sich möglichst mindestens einmal pro Woche zu treffen. Max möchte versuchen, ein wenig Japanisch zu lernen. Er will sich auch große Mühe geben.

Währenddessen sagt Phillips Vati: „Das muss man sich immer wieder ins Gedächtnis rufen, dass jedes Kind der Welt eine andere Sprache lernen kann oder auch mehrere. Während der ersten Lebensjahre kann also das Gehirn programmiert werden, in welchen Sprachen es zukünftig mit der Welt kommunizieren will. Es lernt diese erste(n) Sprache(n) intensiv und prägend. Wenn später im Erwachsenen-Alter eine Sprache gelernt werden soll, dann fällt es viel schwerer als im Kleinkind-Alter."

„Davon kann ich auch ein Lied singen", meint Max' Mutti. „Ich wollte für unseren nächsten Dänemark-Urlaub wenigstens so viel Dänisch lernen, dass ich im Geschäft etwas einkaufen oder im Touristenbüro die Gespräche in deren Landessprache kann. Aber daraus wurde nichts. Ich bin dabei grandios gescheitert. Und wenn ich dann das mit Ihrem Sohn erlebe, dann komme ich mir mit meinem Scheitern noch erbärmlicher vor."

„Tja, aber das sollten Sie nicht zu ernst sehen. Es ist nun mal so. Wenn man so will, beginnen die Babys und Kleinkinder mit dem Spracherlernen nach der Geburt bei null, während wir, würden wir heute eine zusätzliche Sprache erlernen wollen, schon Spracherfahrung mit der sogenannten Muttersprache haben und ständig mit dieser vergleichen und abstimmen würden. Das macht es dann schwieriger, eine neue Sprache mit deren Semantik und Grammatik zu erlernen. Ist zwar nicht unmöglich, aber eben meistens erheblich schwieriger", meint Phillips Vater.

Max' Vati fällt da ein Vergleich ein, den er schnell vor dem Pausenende-Klingeln noch nennen möchte. „Das ist wie mit den Trampelpfaden. Man läuft die bekannten Wege, ohne darüber besonders nachzudenken. Wenn man aber eine Abkürzung gehen und dabei einen neuen Trampelpfad anlegen will, dann muss man immer wieder höchst aufmerksam sein und sich nicht auf den gewohnten

Weg verleiten lassen. Nur das beständige Benutzen des neuen Weges macht aus einem Trampelpfad im Laufe der Zeit einen bequem begehbaren Weg."

Bestätigend nickten die Vatis von Max und Phillip.

„Wir werden als kleine Sprachgenies geboren. Da können die Computerexperten noch so viel programmieren und den Geräten beibringen. Wir Menschen haben den Geräten doch immer noch sehr, sehr viel voraus. Das sollten sich so manche Technikbegeisterte immer wieder mal in ihr Gehirn, dem großen Wunderwerk im Kopf, zurückrufen."

„Das können Sie denen nicht oft genug sagen. Manche meinen ja, die heutige Computertechnik erledigt alles für sie. Sie denken, sie könnten ihr Gehirn immer weiter ent- und den Computer mit Aufgaben belasten. Sie sollten lieber eingetretene und vielleicht leichte Wege bewusst verlassen und neue Trampelpfade anlegen, die dann bei häufigem Gebrauch zu festen, belastbaren Wegen werden können", kann Phillips Vati gerade noch sagen, dann klingelt es zum Pausenende und die sechs Personen nehmen wieder ihre Plätze ein.

Max' Vati ist vom Pausengespräch zu intensivem Nachdenken über die enormen Leistungen eines Kleinkindgehirns angeregt worden. Dem zweiten Teil des tollen Kinderkonzerts kann er nur unter größter Aufmerksamkeit-Anstrengung folgen. Immer wieder beschäftig ihn das soeben geführte Gespräch.

Auch Max ist durch die Gespräche ganz aufgewühlt. Er wird in der kommenden Woche Phillip treffen, um zu versuchen, Japanisch zu lernen. Er wird einen Trampelpfad anlegen, aus dem vielleicht/ hoffentlich ein neuer, begehbarer Hauptweg werden könnte.

Charlie Hagist wurde 1947 in Berlin-Steglitz geboren. Nach Grund- und Oberschule absolvierte er eine Ausbildung zum Bankkaufmann. Während seiner Tätigkeit in der Personalabteilung des Hauses bildete er sich zusätzlich zum Personalfachkaufmann (IHK) weiter. Ehrenamtlich war er als Richter am Amtsgericht Berlin-Tiergarten, am Sozialgericht Berlin und danach am Landessozialgericht Berlin tätig. Charlie Hagist ist verheiratet, hat einen Sohn.

Mit den lieben Kleinen

schöne Bescherung
nach dem Kindergeburtstag
Schlachtfeld im Kleinen

geräumte Wege
der Vater zieht das Kind
den Schlitten unterm Arm

Streit ums Schäufelchen
erste Bewährungsprobe
für die Sandkastenfreundschaft

Spieleabend für alle
der Sohn an der Konsole
ist Einzelkämpfer

mittags, fünf nach zwölf,
zwei Suppenkasper
buchstabier'n um die Wette

Wolfgang Rödig lebt in Mitterfels. Er hat seit 2003 mehr als 700 belletristische Kurztexte in Anthologien, Literaturzeitschriften, Tageszeitungen, Magazinen und Kalendern veröffentlicht.

Sinnstapfen

Schneeflocken fallen lautlos auf die Straßen. Vero beobachtet sie schon seit einer ganzen Weile durchs Küchenfenster. Es ist der erste richtige Schnee dieses Winters. Seinem Zauber können sich selbst die betriebsamsten Erwachsenen nicht entziehen, sind für einen Tag ganz und gar abgelenkt ... oder vielleicht einmal wirklich da. Beinahe überirdisch erscheinen Vero die nicht enden wollenden Bindfäden weißer Kristalle. Je nach Windrichtung rieseln sie ganz gerade zum Boden oder fliegen schräg am Fenster vorbei, scheinbar nichts sehnlicher erwartend, als ihresgleichen auf der Erde zu küssen und zu einer dicken Eisdecke zu verschmelzen.

Gedanken schieben sich vor Veros Blick. Seit der letzten Geschichtsstunde grübelt sie andauernd über die Worte ihres Lehrers. Er hat ihnen von den Römern und ihren prachtvollen Bauwerken berichtet, wie viel man von den Überresten heute noch bewundern kann.

„Die Römer haben überall ihre Spuren hinterlassen – in Europa und darüber hinaus", meinte er und eine gewisse Ehrfurcht mischte sich unwillkürlich in seinen Ton. „Ihre Kaiser glaubten, dass man sich durch prächtige Gebäude und Statuen ewig an sie erinnern würde und bis heute haben sie tatsächlich recht behalten. Sie sind gestorben und trotzdem leben sie quasi in ihren Denkmälern weiter."

Der Gedanke an den eigenen Tod hat Vero aufgerüttelt. In jeder freien Minute grübelt sie, was von ihr einmal übrig bleibt. Ob sie auch etwas erschaffen kann, eine Spur, die für andere sichtbar ist?

Ratsch macht es plötzlich über Veros Kopf. Sie fährt vor Schreck zusammen, so versunken ist sie in ihre eigenen Gedanken. Dabei hat Veros Mutter lediglich die Gardine mit einem Ruck zur Seite gezogen.

„Ich will auch etwas sehen", meint sie lächelnd und schaut mit einem Funkeln in den Augen nach draußen. „Nach dem Essen können wir einen Schneespaziergang machen. Fängst du mir dann ein paar Flocken?", fragt sie Vero zwinkernd.

Vero grinst und öffnet das Fenster. Dann schnappt sie sich ihren kleinen Teller, auf dem noch Nusseckenkrümel liegen, und hält ihn nach draußen. Geschwind holt sie ihn wieder rein und reicht ihn der Mutter.

„Bitteschön", meint sie triumphierend, zieht eine Grimasse, als sich die winzigen Flocken in Wassertropfen verwandeln. Eine Weile starrt Vero einfach nur auf den Teller. „Welchen Sinn hat Schnee eigentlich?", fragt sie unvermittelt.

Ihre Mutter setzt eine nachdenkliche Miene auf. „Sinn ... hmmmmm ... Ich glaube, ich kann dir höchstens den Grund nennen, warum es schneit. Wenn die Luft kalt genug ist, gefrieren die Wassertropfen zu kleinen Kristallen und ..."

„Das weiß ich doch", unterbricht Vero sie, „aber hat Schnee auch einen Sinn?"

Ihre Mutter runzelt die Stirn und schweigt. Nach einer Weile löst sich ihre Miene und sie schaut Vero direkt an. „Ich glaube, das kann man nicht in Worte fassen. Man kann es nur erleben."

Nach dem Mittagessen springen sie in Schneestiefel, Mäntel, Mützen und Handschuhe. Draußen schneit es immer noch so, als ob Frau Holle die Betten aller Engel auf einmal schütteln würde. Vero schaut ungläubig hinauf und kneift die Augen zusammen, damit die eisigen Sterne nicht hineinfliegen. Sie dreht ihre Handfläche nach oben und wartet, bis sich einige auf dem roten Stoff niedergelassen haben.

„Die sind für dich, mach mal die Hand auf", sagt sie zu ihrer Mutter und versucht, die Flocken von ihrem Handschuh zu schütteln. Doch sie kleben an den feinen Wollfasern, lösen sich nach einigen Sekunden ebenfalls auf.

„Schau mal, ich hab schon eine", ruft ihre Mutter durch das Schneetreiben. Sie hält eine ihrer kastanienbraunen Locken hoch.

Darauf sitzen die weißen Kristalle wie Perlen auf einer Schnur. Gemeinsam fangen sie Schneeflocken, bis ihre Handschuhe völlig durchnässt und ihre Finger zu Eiszapfen geworden sind. Vero ist ein wenig erschöpft und friert an den Händen. Trotzdem strahlt sie wie eine Sonne übers ganze Gesicht.

„Woran denkst du gerade?", fragt ihre Mutter neugierig.

Vero strahlt noch mehr. Sie liebt es, wenn sie ein Geheimnis kennt, und noch mehr, wenn sie es mit jemandem teilen kann. „Ich weiß jetzt, was der Sinn von Schnee ist", verkündet sie überzeugt.

„So?", versucht ihre Mutter sie aus der Reserve zu locken und hebt die Augenbrauen interessiert.

Blitzschnell zieht Vero eine Hand hinterm Rücken hervor und holt aus. Ihre Mutter versucht sich im letzten Moment zu ducken, doch die Kugel trifft ihre Mütze mit voller Wucht und zerfällt zu Schneepuder. Da begreift auch sie und strahlt übers ganze Gesicht. Zum Glück haben sie zwei Paar Ersatzhandschuhe dabei und müssen noch nicht nach Hause.

Gemeinsam laufen sie zwischen den Bäumen ins Tal bis zu einem kleinen Weiher, der als Feuerlöschteich dient. An einigen Stellen bilden sich bereits dünne Eisschollen.

„Mama, wie lange dauert es, bis er ganz zugefroren ist?", fragt Vero.

„Ich weiß nicht ... wenn es so kalt bleibt, vielleicht noch zwei, drei Nächte. Darauf laufen sollte man trotzdem nicht. Wir können ja übermorgen wiederkommen und nachsehen", schlägt ihre Mutter vor.

„Schau mal, hier war schon jemand", bemerkt Vero plötzlich aufgeregt und zeigt auf den Weg, auf dem sie hergekommen sind. Große Fußstapfen bilden eine gerade Linie, daneben schlängelt sich eine kleinere, unregelmäßigere Spur, die mal links, mal rechts von den Fußstapfen verläuft.

„Das war bestimmt der Förster mit seinem Hund", vermutet Veros Mutter und geht in die Hocke, um die Spuren näher zu betrachten. „Hier zum Beispiel", sie weist mit dem Zeigefinger auf einen der Abdrücke, „kann man die Pfote genau erkennen. Wir haben sie wahrscheinlich gerade verpasst. Es kann nicht lange her sein, dass sie hier entlanggelaufen sind. Sonst wären die Spuren längst wieder verschneit."

Vero sieht sich etwas beklommen um. Eigentlich mag sie Hunde, doch Enno, der vierbeinige Begleiter des Försters, ist ihr nicht ganz geheuer.

Die Mutter bemerkt ihre Aufregung. „Hab keine Angst, wir müssen ja nicht weiter in die Richtung gehen, die der Förster eingeschlagen hat. Außerdem würde Enno dir nie etwas tun. Er hört aufs Wort."

Als sie den Heimweg antreten, hat Vero sich wieder beruhigt. Trotzdem ist sie schweigsamer als sonst. „Hast du etwas?", fragt ihre Mutter vorsichtig. „Denkst du immer noch an den Hund?"

Vero schüttelt den Kopf, bleibt stehen und dreht sich um. Der Schneefall ist noch stärker geworden. Im freien Feld verschwinden ihre Spuren beinahe sofort unter der weißen Decke. Die Stapfen des Försters sind bereits nur noch grob auszumachen, Ennos Pfotenabdrücke gar nicht mehr.

„Neulich in der Schule", setzt Vero an, „da haben wir in Geschichte über die Römer und ihre Kaiser gesprochen. Sie wollten unbedingt, dass etwas von ihnen zurückbleibt, wenn sie tot sind. Dazu haben sie unheimlich schöne Gebäude bauen lassen und Statuen, die genau wie sie aussehen. Und man erinnert sich heute noch an sie. Unser Lehrer meinte, dass sie überall ihre Spuren hinterlassen haben. Und da ... da habe ich mich gefragt, welche Spur ich einmal hinterlasse. Was, wenn ich nichts Besonderes mache? Bleibt dann überhaupt etwas von mir übrig?"

Die Gedanken sprudeln nur so aus Vero. Dann verstummt sie und blickt nachdenklich auf die verwehten Spuren. Ihre Mutter stellt sich neben sie und legt einen Arm um ihre Schultern.

„Schau mal, wenn wir morgen wieder hier entlanggehen, werden wir unsere eigenen Spuren schon nicht mehr wiederfinden. Vielleicht werden wir sogar kaum noch erkennen können, wo der Weg verläuft. Dass man unsere Spuren nicht direkt sieht, bedeutet aber doch nicht, dass wir diesen Weg nie gegangen sind. Wenn er für uns eine Bedeutung hat, werden unsere Seelen immer etwas davon in sich tragen. Die Statuen und Denkmäler werden irgendwann verfallen, egal, wie sehr sich die Menschen auch bemühen, sie zu erhalten. Du aber hast mir heute etwas gezeigt, das wir beide in unseren Seelen mitnehmen und an andere weitergeben können, sodass es niemals stirbt."

„Was denn?", fragt Vero stirnrunzelnd.

Ihre Mutter lächelt. „Den Sinn von Schnee."

Rebekka Tünker, geboren 2002, Duisburg, Studentin der Psychologie, hat mehrfach in Anthologien veröffentlicht, jüngstes Werk: „Sitzung No. X – Wenn das Vertrauen krümelt" in „Das graue Tuch auf meiner Seele".

Wer erzieht hier wen,
man sich fragt …

Erziehung ist leichter gesagt,
– wie man weiß – aber schwer getan.
„Wie packt man es am besten an
als Eltern im Zweiergespann?",
fragen sich die Frau und der Mann,
wenn es ums geliebte Kind geht,
das so vieles noch nicht versteht.

Entscheidungen stehen ins Haus,
noch mehr Fragen bleiben nicht aus.

Ist die Erziehung kindgerecht
oder ist sie mehr schlecht als recht,
manchmal zu streng oder zu mild,
sind wir als Eltern ein Vorbild?
Wann und wie ihm Grenzen setzen,
ohne dabei zu verletzen
seinen persönlichen Freiraum,
wie sich dabei halten im Zaum?
Wann sind Verbote angesagt
und wir als Kritiker gefragt,
nörgeln, kritisieren wir viel,
bringen Schnee von gestern ins Spiel,
loben wir zu wenig das Kind
sind wir für seine Stärken blind?

Tadeln wir das Kind zu unrecht,
sich dies Fehlverhalten mal rächt,
wird sein Selbstwertgefühl leiden,
wie können wir das vermeiden?
Wie es vor Gefahren schützen,
seine Autonomie stützen,
ihm hilfreich zur Seite stehen
schrittweise beim Vorwärtsgehen?

„Wer erzieht hier wen?", man sich fragt.
Unsicherheit an Nerven nagt,
Eltern sich selbst infrage stellen,
eigene Schatten erhellen –
in dem Prozess die Seele reift,
man nicht stets nach den Sternen greift,
Erziehung wird Eltern erden,
sie werden gefestigt werden.

Entscheidungen stehen ins Haus,
noch mehr Fragen bleiben nicht aus …

Ingrid Baumgart-Fütterer

Und trotzdem lieb' ich dich

Linda schrie. Sie riss an ihren Haaren, schrie, trampelte mit den Füßen, schrie. Eilige Menschen mit Einkaufstüten schauten verwundert zu ihr hinüber und gingen hastig weiter.
Die Dreijährige schrie immer lauter, immer hysterischer. Ihre Mutter saß ruhig neben ihr auf einer Bank, streichelte zärtlich Lindas Rücken, ignorierte die Passanten. „Gleich ist es vorbei", wusste sie aus Erfahrung, „gleich ist Linda leergebrüllt."
Linda jedoch holte tief Luft und krächzte zornig: „Wo ist meine Ente? Warum hast du meine Ente nicht mitgenommen? Immer vergisst du alles. Ich will meine Ente! Ente!"
Eine ältere Frau in damenhafter Aufmachung baute sich überlegen vor Linda und deren Mutter auf: „Eine Tracht Prügel hast du verdient. Jawoll, eine Tracht Prügel! Na, wenn das Balg mein Kind wär', das könnte was erleben", schimpfte sie.
Aber auch dieser Appell an Lindas Vernunft konnte weder das Kind beruhigen noch Lindas Mutter zu einer schallenden Ohrfeige motivieren.
„Das Kind muss doch was haben. So ganz ohne Grund brüllt kein Kind", argwöhnte eine mit einem Kuchentablett befrachtete Seniorin. „Und die Mutter sitzt seelenruhig daneben. Also ich wäre sofort mit meinem Sohn zum Arzt gegangen."
„Das arme Wurm", antwortete eine entsetzte Hagere.
„Ich will jetzt meine Ente! Mama, warum hast du meine Schmuseente vergessen?"
„Die jungen Dinger heutzutage sind nicht mal mehr fähig, ihre Kinder zu erziehen", machte sich eine Mittvierzigerin mit zwei Teenies im Schlepptau über die Enddreißigerin mit trotzendem Kleinkind lustig. Der rot-grün gestreifte Hahnenkamm ihrer jüngsten Tochter wippte beifällig.

„Kleine Kinder, igitt", gab das ältere Girl angewidert von sich, während es seine Kippe ins Blumenbeet schnippte.

Und Linda schrie: „Wenn ich meine Ente jetzt nicht kriege, werde ich aber sauböse!"

„Komm, Linda, ich habe Hunger. Wir gehen einen Hamburger essen", versuchte ihre derweil kaum merklich gereizte Mutter vom Thema abzulenken.

„Ich mag aber keinen Scheiß-Hamburger. Ich will Pommes. Pommes mit Pommfritz. Und Ketchup. Viel Ketchup."

„Haste gehört, Anna, was die Kids heut' schon für Ansprüche stellen?", fragte ein flotter Fuffziger seine Begleiterin. „Brot mit Rübenkraut und die Hucke voll. Mehr war für uns nicht drin." Beifall heischend schob er seine Anna durchs Gedränge.

„Mama, ich will doch lieber Pommes mit Rübenkraut. Kein Ketchup. Rübenkraut mag ich sooo gerne."

„Komm, Linda, wir gehen jetzt essen. Allerdings wird es dort kein Rübenkraut geben, denke ich."

„Dann will ich nicht." Lindas Stimme schwoll bedenklich an.

„Linda, wir haben jetzt Hunger. Komm!" Offensichtlich verlor die Mutter nun langsam ihre Geduld.

„Gut, ich komme", antwortete Linda. „Aber nur, wenn wir vorher Rübenkraut kaufen gehen. Dann kann ich meine Pommes darein stippen. Machen wir's so?" Treuherzig schaute sie zu ihrer verzweifelten Mutter hoch.

„Nein, Linda, wir kaufen kein Rübenkraut! Verdammt noch mal!" Und nun rollten die Tränen hemmungslos und ungeniert über Mutters Wangen, verschmierten die Wimperntusche, wurden vom Rollkragen ihres roten Pullovers am Weiterrinnen gehindert.

„Aber Mami, warum weinst du denn? Ich habe dich doch sooo lieb."

Die gaffenden Passanten ignorierte Linda einfach. Sie kletterte auf Mutters Schoß, schlang beide Ärmchen um deren Hals, streichelte sie zärtlich und versuchte sie zu trösten: „Mama, wenn wir wieder zu Hause sind, dann leihe ich dir auch meine Ente, ja? Dann darfst

du ganz feste mit ihr schmusen. Mama, zu Hause bringe ich meiner Ente sogar das Rülpsen bei. So lieb habe ich sie."
„Was für ein entzückender kleiner Fratz", schmeichelte ein smarter Vierziger und lächelte keck in Mutters rotverheulte Augen.
„Lassen Sie mich doch endlich in Ruhe!", schrie Lindas Mutter zum Entsetzen des verdutzten Mannes und zum Vergnügen der herbeieilenden Passanten.

Monika Schlößer, *geboren 1949, lebt in Bad Münstereifel, verheiratet, zwei Töchter. Mittlerweile über 100 Veröffentlichungen von Lyrik, Kurzkrimis und (Kinder)-Kurzprosa, in zahlreichen Anthologien, (Kunst)-Kalendern, Jahrbüchern, (Literatur)-Zeitschriften, Schaufenstern, im Internet, auf einer Lyriksäule und bei kunstkulturliteratur.*

Zeugnistag – oder
Die Klassenfahrt nach Wien

Lange bevor ich selbst Mutter wurde, schrieb Reinhard Mey Ende der Siebzigerjahre ein Lied über Eltern und deren Pflicht, Kindern eine Zuflucht zu geben – egal, was sie auch angestellt haben mochten. *Zeugnistag* hatte er es genannt ... und ich hatte es Hunderte Mal gehört, bevor ich 20 Jahre später selbst Mutter wurde. Still im Inneren hatte ich mir immer gewünscht, selbst einmal so loyal und ruhig handeln zu können wie die Protagonisten dieses Liedes.

Meine Tochter war jedoch kein Rebell im eigentlichen Sinn. Sie hatte zwar stets ihren eigenen Kopf, durch ihren Charme aber schaffte sie es stets, alle Hürden zu umschiffen und alle ohne große Schwierigkeiten um den Finger zu wickeln. Deshalb blieben meinem Mann und mir Konfrontationen mit Lehrern oder anderen Institutionen erspart und ich wähnte mich, fast ein wenig enttäuscht, schon in der Sicherheit, niemals wie in dem Lied *Zeugnistag* agieren zu müssen.

Doch dann kam der 16. Geburtstag meiner Tochter ... und wenig später die Klassenfahrt nach Wien. Ich verabschiedete sie damals mit den Worten: „Tue nichts, was ich nicht auch getan hätte", und einem Augenzwinkern. Natürlich wusste ich zu dem Zeitpunkt längst, dass meine Tochter nicht immer nur brav war, sondern auch schon mal ein Bier und eine Zigarette probiert hatte. Und ich wusste, dass meine Mutter ihrer Enkelin doch so einige Anekdoten aus meiner eigenen Jugend erzählt hatte, wobei ich es selbst in jungen Jahren manches Mal faustdick hinter den Ohren hatte. Nicht zuletzt auf Klassenfahrten ...

Und so kam es, wie es kommen musste.

Die jungen Leute waren schon ein paar Tage in Wien, ich hatte regelmäßig Bilder von den Sehenswürdigkeiten der Stadt erhalten, als eines Morgens – recht früh für einen Anruf aus Wien – mein

Handy schellte. Am anderen Ende der Leitung meine in Tränen aufgelöste Tochter …

„Mama, ich habe großen Mist gebaut", schoss es auch gleich aus ihr heraus. Und dann begann sie, vom letzten Abend zu berichten. Sie hätten Alkohol gekauft und sich mit der halben Klassen auf einem Zimmer getroffen. Alle hätten getrunken, sie natürlich auch. Dann wäre ihr schlecht geworden … und der Lehrer habe sie, über die Toilettenschüssel gebeugt, brechend vorgefunden. Die anderen hätten sich verpieselt … und der Lehrer hätte nun gedroht, sie nach Hause zu schicken.

Innerlich freute ich mich. Natürlich nicht darüber, dass meine Tochter getrunken, sondern darüber, dass sie den Mut aufgebracht hatte, mich gleich anzurufen, um mir ihre nicht gerade glorreiche Tat zu berichten. Ich erkundigte mich nach ihrem Befinden. Ihr ginge es nach diesem Abend wieder gut, nur leichte Kopfschmerzen seinen noch vorhanden, berichtete sie. Was sie denn machen solle, wenn sie jetzt nach Hause geschickt würde?

Ich beruhigte sie und gab ihr mit auf den Weg, dass nichts so heiß gegessen würde, wie es gekocht würde. Sie solle sich keine Sorgen machen, es würde sich alles finden.

Und so trat es dann auch ein. Gegen Mittag erhielt ich den Anruf ihres Lehrers. Meine Tochter … vollkommen betrunken … mit nur zwei Freundinnen unglaubliche Mengen an Alkohol getrunken … Er hätte mir soeben eine Mail mit einem Foto gesendet. Dank der modernen Technik konnte ich mir also zeitgleich zu seiner Tirade über meine schreckliche Tochter am Telefon im Mailordner ein Bild öffnen, das wirklich eine stattliche Anzahl an halb vollen und leeren Flaschen aller möglichen Formen und Farben zeigte.

Ihn unterbrechend sagte ich: „Ich weiß, dass meine Tochter gestern Abend Alkohol getrunken und sich erbrochen hat."

Das nahm ihm erst einmal den Wind aus den Segeln, denn er hatte wohl in keinster Weise damit gerechnet, dass mich meine Tochter bereits vor Stunden angerufen und alles gebeichtet hatte. Dann aber warf er ein: „Ich habe alle Schüler befragte. Drei Mädchen haben sich gemeldet und gesagt, sie hätte an dieser Feier teilgenommen. Ihre Tochter war eine der Schülerinnen, die das zugegeben hat."

Ich warf erneut einen Blick auf die leeren Flaschen in meinem Mailordner und mir war klar, hätten die drei Mädels, die sich gemeldet hatten, diese Mengen an Alkohol alleine getrunken, hätte ich mich jetzt wohl kaum mit einem Lehrer, sondern wohl eher mit einem Arzt unterhalten. Das sagte ich ihm sehr deutlich und auch, dass ich sehr stolz auf meine Tochter sei. Nicht darauf, dass sie getrunken habe, nein, darauf sei ich nicht stolz, wenn ich auch bei einer Klassenfahrt mit 16-jährigen Pubertierenden eigentlich mit nichts anderem gerechnet hätte. Nein, ich wäre stolz darauf, dass sich meine Tochter vor der ganzen Klasse, die natürlich von ihrem Lehrer am Morgen nach dem Besäufnis zu Recht eine Standpauke erhalten hatte, aufgestanden war und sich zu ihrem Fehlverhalten bekannt hatte. Sie war bereit, die Konsequenzen für ihr Verhalten zu tragen. Das machte mich stolz. Ich wusste ja von ihr durch das Telefonat am Morgen, wie viele andere Schülerinnen und Schüler an dem Gelage beteiligt gewesen waren, und fand es letztendlich schon sehr traurig, dass nur drei von etwa zwölf jungen Menschen zu ihrem Fehlverhalten gestanden hatten. Meine Worte mussten den Lehrer wohl zum Nachdenken gebracht haben, denn keine der drei *Täterinnen* wurde nach Hause geschickt.

Ganz so viel konnte ich also in meiner Erziehung nicht falsch gemacht haben. Ich war froh, dass meine Tochter – so würde es mein Mann wohl ausdrücken – den Arsch in der Hose gehabt hatte, ihren Fehler einzugestehen.

Und ich, normalerweise immer sehr aufbrausend wie ein HB-Männchen, war auch ein wenig stolz auf mich, in dieser Situation die Ruhe bewahrt und meiner Tochter vermittelt zu haben, dass sie, egal, was auch immer passieren wird in ihrem Leben, immer Rückhalt und Unterstützung bei ihren Eltern finden wird.

Nanja Holland *ist ein Kind der Sechzigerjahre und arbeitet als freie Journalistin.*

Schuhleidenschaft

Meine kleine Enkelin liebt Schuhe über alles, besonders aber liebt sie meine Schuhe. Wenn sie zu uns, ihren Großeltern, zu Besuch kommt, möchte sie gerne alle Schuhe anziehen und sie stolziert strahlend, manchmal auch etwas watschelnd, aber trotzdem stolz durch die Gegend. Egal, welche Größe oder Farbe sie haben, sie ist immer sehr angetan und vergnügt.

Selbst meine Badeschuhe findet sie einfach genial. Sie möchte sie gerne im Badesee tragen und damit die Treppe zum Wasser auf- und absteigen. Das ist schwierig und ich muss sie halten. Aber die Kleine ist unendlich eifrig und will und will das Ein- und Aussteigen erproben und dann mit meinen Badeschuhen wieder durch die Wiese watscheln, stolz wie ein Storch, nur nicht so elegant.

Aber das absolute Highlight sind die Gummistiefel ihres Cousins. Diese findet meine Enkelin mega. Wenn er zu Besuch ist ... mit seinen Gummistiefeln ... ist meine Enkelin happy. Das Besondere an den Gummistiefeln ist, dass sie blinken und leuchten.

Auch wenn der Cousin nicht da ist, fragt die Kleine sehnsüchtig nach den Gummistiefeln und ist dann ein wenig traurig, wenn der Cousin nicht da ist.

Ich dagegen besitze keine Schuhleidenschaft. Ich bin froh, wenn mir Schuhe überhaupt passen. Dann werden sie rasch gekauft und benutzt, bis sie nicht mehr intakt sind. Und ausgelatschte Schuhe finde ich sogar wunderbar.

Meine Enkelin ist gerne bei uns und dies erfüllt mich mit Freude. Auch wenn uns Jahrzehnte trennen und meine Kindheit für sie sicherlich wie ein Märchen als uralten Zeiten ist, begegnen wir uns in einer Welt, die sich heute nennt.

Bestimmt habe auch ich einmal Schuhe geliebt und bin damit stolz einherstolziert. Das liegt schon so lange zurück.

Wenn sie in meinen Schuhen laut gluckend unterwegs ist, dann fühle ich mich, als hätte sie mich in ihre Kinderwelt eingeladen. Wir spielen in ihrer Fantasiewelt und sie eröffnet mir Welten, die ablenken von den Problemen der großen Welt.
Und ich freue mich, dass wir in großen Schuhen kleine Schritte machen können oder manchmal auch über Steine hüpfen.

Luitgard Kasper-Merbach, *geboren 1958, verheiratet, Mutter dreier Söhne, fünf Enkelkinder, weist einige Buchveröffentlichungen auf, zuletzt „Farbentage (2019) erhielt ein paar Literaturpreise.*

Liebe ist alles

Das Schwierigste, dachte ich, war durch die Schwangerschaft zu kommen. Vor der Geburt hatte ich keine Angst, ich freute mich einfach zu sehr auf das Kind, hoffte gleichzeitig, dieses nicht wieder zu verlieren. Doch bis jetzt gab es keine Komplikationen und ich befand mich im fortgeschrittenen letzten Drittel. Nicht mehr lange, dachte ich, und dann haben wir es geschafft. Zärtlich legte ich meine Hand auf meinen riesigen Bauch. Wie man sich doch täuschen kann.

In gesundem Selbstvertrauen wusste ich zwar, wie ich mein Kind großziehen wollte, nämlich mit viel Liebe und auf keinen Fall so, wie ich erzogen worden war. Hier hatte immer gegolten, du hast etwas zu essen, zum Anziehen und ein Dach über dem Kopf, mehr benötigt es nicht. Ich hätte so viel mehr benötigt. Eine Umarmung, ein liebevolles Gespräch, Aufmerksamkeit und noch so viel, unendlich viel mehr. Ich wollte alles ganz anders machen, das stand fest. Das Zauberwort war Liebe, alles andere würde sich fügen.

Wenige Wochen später erblickte mein Sohn das Licht der Welt und zum ersten Mal bekam ich es mit der Angst zu tun. Diese kleinen Fingerchen, diese winzigen Zehen, ein zerbrechliches Zauberwesen. In der Klinik versicherte man mir, dass mein Sohn alles andere als zerbrechlich sei, er wog circa anderthalb Kilo mehr als der Durchschnitt aller Neugeborenen.

Philip war ein unkomplizierter Säugling, er aß, schlief, ließ sich spazieren fahren und schenkte mir bald sein erstes Lächeln. Es konnte nicht schöner sein. Natürlich hatten auch wir durchwachte Nächte, in denen er seine ersten Zähne bekam, aber im Grunde lief alles wie geplant.

Als Phillip ein Jahr war, bewies er mir mit einem Strahlen im Gesicht, wie kreativ er war. Als ich leise seine Zimmertüre öffnete, nachdem ich das leise Gebrabbel ausgenutzt hatte und schnell noch unter die Dusche gegangen war, verschlug es mir buchstäblich den Atem. Nicht nur des strengen Geruches wegen, sondern auch wegen des Bildes, das sich mir bot.

Laut quietschend streckte er mir seine kotverschmierten Hände entgegen. Er jauchzte vor Vergnügen – und das schien er gehabt zu haben. Nicht nur sein kleiner Körper, und zwar bis unter die Haare, auch das Gitterbettchen und die Tapete war von ihm *verschönert* worden. Er hatte eine gute Verdauung und das hatte er ausgenutzt. Abermals griff er in die Windel und bemalte sein Gitterbett. Ich erwachte endlich aus meiner Erstarrung, schnappte meinen Sohn und beförderte ihn ins Badezimmer, wo er bald mit Protestgeschrei gegen die Säuberungsaktion anhielt, sah er doch, wie ich sein Kunstwerk zerstörte.

Bald nahm ich ihn an der Hand und zeigte ihm alles auf dieser Welt, was mir möglich war. Vom kleinsten Käfer angefangen, der ersten Schaukel und dem Abenteuerspielplatz, bis hin zum nahe gelegenen Flughafen, wo er mit großen Augen die riesigen Maschinen vom Besucherhügel starten und landen sah. Wir gingen in den Wald und waren auf Räuberjagd, bauten ein winziges Zelt auf, in welchem wir eine Gewitternacht verbrachten, und entzündeten am nächsten Morgen ein Lagerfeuer, vor welchem unsere nassen Socken ein dampfendes Dasein fristeten. Zum Frühstück gab es gegrillte, pappige Marshmallows, die wir auf lange Äste spießten, bis Phillip der Bauch zu platzen schien. Ich hielt nichts davon, Süßigkeiten zu verbieten, Softdrinks als Unheil zu deklarieren. Verbote machten alles nur interessanter und so achtete ich normalerweise auf ein gewisses Maß, auf ein *Selten,* doch trotzdem genehmigt, und niemals kam Phillip wie andere Kinder von Geburtstagen nach Hause und musste sich übergeben, da er eine günstige Situation auf Süßes maßlos ausgenutzt hatte.

Nur Liebe, dachte ich wieder, das ist alles, was ich benötige, und wurde bald eines Besseren belehrt. Im Kindergarten bekam Phillip schnell mit, dass es da Kinder gab, die des Öfteren eine süße Zugabe im Brotbeutel hatten, eine Zugabe, die zuckersüß war und die auch er haben wollte. So kam es, dass er, ganz zu meiner Überraschung, plötzlich strampelnd und schreiend auf dem Rücken im Supermarkt zwischen der Quengelware lag und ich mich fragte, ob das noch mein Sohn war. Allerdings wurde eine andere Frage dringlicher. Konnte ich mich jetzt wirklich zu ihm setzen und würde ich ihn zur Vernunft bringen, wenn ich ihm mitteilte, dass ich ihn liebte? Konnte ich mit einem Dreijährigen einen Kompromiss schließen? Ich konnte und setzte mich zum Erstaunen genervter Kunden, die uns mit vollgepackten Einkaufswägen umschiffen mussten, zu meinem Sohn auf den Boden – und das zur besten Feierabendzeit.

„Was hältst du davon, wenn wir jetzt schnell nach Hause gehen und Mama dir die Pfannkuchen macht, die du so liebst?"

Er half immer begeistert bei der Teigherstellung. Die Küche bedurfte hinterher zwar einer Grundreinigung, aber wir hatten unseren Spaß – und das war mir wichtiger als Mehlstaub auf allen Ablagen und Eigelbresten auf dem Fußboden.

Aber Phillip hörte mich nicht. Sein Gesicht war mittlerweile puterrot angelaufen. War nicht schon ein vager blauer Farbton unter dem Rot zu erkennen? Bekam er etwa vor lautem Schreien Atemnot? So langsam entglitt mir meine Erziehungsmethode und stufte sich von Ratlosigkeit zur beginnenden Panik hoch. Ich erhob mich abrupt. „Phillip, du stehst jetzt sofort auf, du hattest heute schon etwas Süßes und wir waren uns einig, dass wir nur schnell einkaufen und nach Hause gehen."

Mein Tonfall war etwas härter geworden, ungewollt, aber für kurze Zeit schien es zu wirken. Mein Sohn sah mich überrascht an und hörte für wenige Sekunden mit dem Brüllen auf. Ein paar Mal schnappte er wie ein Karpfen mit zitterndem Kinn nach Luft und ich war heilfroh, dass sich das Blau im Gesicht wieder in Rot verwandelte.

Doch kurz darauf verzog sich sein Gesicht erneut und er begann wieder laut aufheulend auf die Gummibärchen zu zeigen, das Objekt seiner Begierde.

„Entschuldigen Sie bitte", kam nun der Filialleiter auf mich zu, „aber könnten sie vielleicht ihren Sohn kurz an die frische Luft bringen und später einkaufen? Nicht, dass ich kinderfeindlich wäre, aber die Kunden beschweren sich schon", meinte er achselzuckend. Das wurde ja immer schöner. Seit ich denken konnte, kam ich hierher zum Einkaufen, hatte bestimmt schon Tausende Euro in diesem Laden liegen lassen, doch sobald es mal kompliziert wurde, wechselte man zur Persona non grata. Ich zog Phillip nach oben und konnte ihn gerade noch an einem Zipfel seines Anoraks erwischen, als er sich strampelnd dagegen wehrte und versuchte, sich erneut auf den Boden zu werfen. Ich hatte ihn regelrecht im Schwitzkasten und bemühte mich, so schnell wie möglich den Laden zu verlassen.

Phillip erwischte mit einem Stiefel einen Aufbau mit Bonbons, der darauf scheppernd zu Boden fiel und den Weg zur Kasse für weitere Kunden versperrte.

„Geschieht diesem Schnösel von Filialleiter recht", dachte ich mir. Wortfetzen wie: „… gehört mal eine tüchtige Tracht Prügel, zu meiner Zeit hätte es das nicht gegeben", drangen an mein Ohr.

Am nächsten Tag machte ich mich auf den Weg zur Buchhandlung und verbrachte anderthalb Stunden vor dem unermesslichen Angebot an Erziehungsratgebern. Auf dem Heimweg ging ich noch schnell zum Supermarkt, allerdings hatte ich einen anderen bevorzugt, der auch nicht sehr viel weiter von mir entfernt lag. Ich sah nicht ein, wie eine Aussätzige behandelt zu werden, weil mein Sohn ein – zugegebenermaßen – lautstarkes Problem gehabt hatte. Ich konnte mein Geld auch woanders ausgeben. Liebe ist nach wie vor die wichtigste Zutat in meiner Erziehung. Ich bin mir sicher, ich hätte längst ohne sie bei Phillip verspielt, spätestens jetzt, wo er in der Pubertät angelangt ist und ich mir oft die Gummibärchenzeit zurückwünsche. Zu der Liebe waren jedoch damals Regeln hinzugekommen. Liebevoll umgesetzt, das versteht sich wohl von selbst.

Priska Fiebig, Jahrgang 1959 in Karlsruhe geboren. Mit dem Schreiben befasst sie sich, seit sie ich im Ruhestand befindet.

„Mach mir mal 'ne Vorschreibung"

Es gibt Momente im Leben, die bleiben einem für immer im Gedächtnis. Viele dieser einzigartigen Momente habe ich meiner Tochter Marie zu verdanken – und bin heute, sie ist längst erwachsen – noch immer dankbar dafür.

Es begann gleich bei ihrer Geburt. Ich lag lange in den Wehen und musste schließlich durch einen Kaiserschnitt entbunden werden. Da mir mein Frauenarzt im Vorfeld prophezeit hatte, einen Jungen zu bekommen, war ich nach dem Aufwachen aus der Narkose umso erstaunter, als man mir ein kleines Mädchen in den Arm legte. Ich war nicht enttäuscht, auch wenn mein Mann und ich uns kleidertechnisch bereits auf die Farbe Blau fokussiert hatten. Uns war es egal, die Farbe stand auch der kleinen Marie gut. Und sie störte die Farbe in dem Alter noch nicht.

Bei einer der ersten Untersuchung durch den Kinderarzt im Krankenhaus lachte dieser mich herzlich an. „Ah", sagte er, „das ist ja die Kleine, die bei ihrer Geburt zuerst ihre Faust aus dem Mutterleib gestreckt hat!"

Na, das konnte ja heiter werden! Ich stimmte in sein Lachen ein ... mit unserer kleinen *Steh-mit-einer-Faust* würden wir sicherlich viel Freude haben.

Marie wuchs heran, war ein aufgewecktes Mädchen, das von Anfang an den Hang hatte, alles alleine ausprobieren zu wollen. An einem Samstagabend, mein Mann war mit Freunden bei einem Klassentreffen, kam unsere damals gerade Zweieinhalbjährige mit Stift und Zettel zu mir ins Wohnzimmer. Bestimmt legte sie beides vor mich hin und sprach energisch: „Mama, mach mir mal eine Vorschreibung! Ich will *endlich* mal was lernen!"

„Na, das wird ja in deinem Alter auch Zeit", schmunzelte ich ... und begann, ein paar große Buchstaben auf das Papier zu malen. Marie war Feuer und Flamme und malte fleißig alles nach. Natürlich kamen gleich schlaue Ratschläge aus meinem Umfeld, als ich darüber berichtete. Ich solle das Kind ja nicht überfordern. Da ich mich selten um solche Ratschläge kümmere, ließ ich Marie Buchstaben malen, wann immer sie selbst dazu Lust hatte. Marie, unsere kleine *Steh-mit-einer-Faust,* schrieb schon bald ihren Namen und lernte lesen.

Als sie etwa vier Jahre alt war, wollte sie Radfahren lernen wie die Großen, also ohne Stützräder. Mein Mann wollte ihr dabei helfen, das Rad hinten am Sattel festhalten und hinterherlaufen ..., so wie er das Radfahren von seinem Vater gelernt hatte. Das aber wollte unsere kleine Eigensinnige nicht. Tränen flossen, also gab mein Mann nach zwei Versuchen auf. Eines Morgens, ich saß gerade an meinem Schreibtisch mit Blick in den Garten, sah ich unsere Marie ihr Fahrrädchen besteigen ... und selbstständig losfahren. Ohne Hilfe.

Solche Momente waren immer kostbar und ich könnte noch einige davon berichten. Beispielsweise als sie beschloss, unseren sehr jungen, doch recht scheuen Kater zu zähmen. „Ich mach das schon", sagte sie zu meinem Mann und mir. Stundenlang, sie war zwölf Jahre alt, schloss sie sich mit dem Tier in ihrem Kinderzimmer ein. Zuvor hatte sie ihm und sich ein Zelt aus Decken gebaut, nun las ihm darin stundenlang Katzenmärchen vor. Es klappte ... bis heute ist der Kater ein treuer Begleiter, lässt sich von ihr hypnotisieren und kann dann sehr lange Zeit auf dem Rücken liegend und mit vier ausgestreckten Pfötchen entspannen. Etwas, was er nur bei ihr macht.

Noch heute, mit Anfang 20, ist meine Tochter eigensinnig und macht ihr Ding, so wie sie es für richtig hält. Ich liebe sie dafür über alles und freue mich jedes Mal, wenn meine inzwischen große *Steh-mit-einer-Faust* wieder mal ihren ganz eigenen Kopf unter Beweis stellt.

Liza Moriani: Schreiben war schon immer ihre Leidenschaft, die sie auch beruflich betreibt.

Erziehung im Wandel

Erziehung wird überbewertet! Für was soll eine Erziehung gut sein? Fragen über Fragen und doch ist die Erziehung das A und O im Leben bei Menschen und Tieren. Wer die Grenzen und Regeln kennt, kann ein harmonisches Miteinander praktizieren – in allen Bereichen.

Eine Grunderziehung ist sehr wichtig, die fängt beim Essen schon an, dass mit Besteck gegessen wird und nicht mit den Fingern (außer bei Kleinkinder). Das am Tisch nicht geschmatzt, gerülpst, gepupst wird, dass alle sitzen bleiben, bis alle fertig gegessen haben.

Sozialisierung im Kindergarten, sodass kein anderes Kind angespuckt, getreten, an den Haaren gezogen wird, das zusammen gespielt, gebastelt, gesungen und geturnt wird. Sie bekommen gelehrt, zu teilen, gegenseitig Rücksicht zu nehmen, gemeinsam etwas zu bewegen, jeden schaukeln, klettern zu lassen, die Spielsachen, Malsachen und die Bastelsachen gemeinsam zu nutzen.

Das alles begleitet uns ein Leben lang in sämtlichen Situationen, ob privat oder im Beruf. Gemeinsam ein Ziel verfolgen und nicht gegeneinander zu arbeiten. Auch in der Partnerschaft kann es nur harmonisch, glücklich verlaufen, wenn gegenseitige Kompromisse eingegangen werden, um einen gemeinsamen Weg zu finden, damit beide eine erfüllte Partnerschaft erleben.

Meine Oma wurde am 5. Januar 1913 geboren, mein Opa am 11. Februar 1910, da herrschte eine ganz andere Erziehung, die für viele heute undenkbar ist. Die Kindheit der Menschen war nicht leicht, es herrschte eine sehr strenge Erziehung. Die Schulzeit, in der die Kinder das Lesen, Schreiben und Rechnen erlernten, um später eine Arbeit ausüben zu können, war hart, der Respekt vor den Lehrern groß. Wer den Unterricht störte, bekam mit dem Rohrstock bei ausgestrecktem Arm Schläge auf die flache Hand zur Strafe. Jeder weiß, wie schmerzhaft es ist, wenn man sich die Finger einklemmt oder anschlägt. Oder sie mussten sich in die Ecke stellen mit dem Rücken zur Klasse. Das ist heute unvorstellbar, doch so war die Erziehung damals. Ein bisschen grob, doch es funktionierte, um ein reibungsloses Miteinander zu leben.

Heute haben die Kinder keinen Respekt mehr vor den Lehrern! Woran liegt das? Wenn ich die Gesellschaft heute beobachte, wie mit den Kindern umgegangen wird, dann braucht man sich nicht wundern. Die gute Erziehung wird nicht mehr für wichtig gesehen. Im Kindergarten dürfen die Erzieherinnen nicht mehr eingreifen, wenn Kinder andere treten, schubsen usw.. Zu meiner Zeit wurde den Kindern erklärt, dass es dem anderen Kind wehtut und dass dies nicht in Ordnung ist.

Woher sollen Kinder wissen, dass es falsch ist, wenn das *richtige* und *falsche* Verhalten nicht mehr gelehrt wird? Was soll das denn? Wofür sollen Kinder in den Kindergarten gehen, wenn kein soziales Verhalten gelehrt wird? Viele denken, dass die Erzieherinnen die Kinder erziehen sollen, das ist falsch! Es bleibt die Aufgabe der Eltern!

Ein logisches Beispiel: Ich trainiere den Hund einer Besitzerin ohne ihre Anwesenheit. Der Hund folgt 1A, macht Sitz, Platz, bei Fuß, Steh, sogar nur mit Handzeichen. Doch beim Besitzer funktioniert es nicht. Warum nicht? Entweder ist der Besitzer keine Autoritätsperson, das heißt, sich nicht durchsetzt, der Hund nimmt die Person nicht ernst, somit akzeptiert er den Besitzer nicht als Rudelführer, sondern nur sich selbst, sodass er sich vielleicht irgendwann sogar gegen den Besitzer stellt oder zubeißt.

Deshalb ist es wichtig beim Hund, von Anfang an klare Anweisungen und Regeln mit Grenzen aufzustellen, um Autorität auszustrahlen, auch mit täglichen Gehorsamsübungen, damit der Hund ein toller Begleithund wird, mit dem es Freude macht, spazieren zu gehen.

So ähnlich ist es auch im Umgang mit Kindern. Viele Eltern zeigen den Kindern keine Regeln und Grenzen auf. Warum nicht? Es ist anstrengend, sich durchzusetzen, es ist bequemer zu ignorieren! Viele haben vergessen, wie wichtig eine Erziehung ist, deshalb herrscht immer mehr Unfrieden im Umgang miteinander! Meiner Oma wurde damals das Pfeifen verboten – wie allen Mädchen. Nur Jungs durften pfeifen. Mein Opa schimpfte immer mit mir, wenn ich freudig herumhüpfte und dabei pfiff, da war er sehr streng. Noch heute prägen mich seine Worte, wie ein unsichtbares Tattoo. Meine Oma musste im Haushalt mithelfen, kochen, waschen, bügeln, nähen sowie putzen, denn zu der Zeit war es wichtig, dass Frauen alles beherrschten, um später eine gute Ehefrau zu sein. Früher waren die Frauen daheim, sorgten für eine saubere Wohnung, das Essen und die Erziehung der Kinder. Die Männer gingen arbeiten, brachten das Geld nach Hause. Die Menschen heirateten früh. Die Jungs mussten auch mit anpacken in der Landwirtschaft (Getränke, Metzgerei, Bäckerei usw.). So haben die Kinder gelernt, dass es ohne zu arbeiten kein Geld zum Überleben gibt. Dass ihnen nichts von allein in den Schoss fällt. Früher gab es noch den Spruch: *Ohne Fleiß kein Preis!* Die Kinder haben gelernt, Verantwortung für sich und das Leben zu übernehmen, um später selbstständig leben zu können sowie anzupacken.

Ich finde es gut, dass die Kinder mitgeholfen haben, um den Umgang mit Geld zu lernen, sowie das Zupacken, solange es nicht stundenlanges Arbeiten ist. Wer etwas für sein Geld tun muss, der schätzt es am Ende mehr, als wenn es einem geschenkt wird.

1986, nach den Sommerferien, kam der Umzug zu meiner Tante. Sie sagte zu mir: „Ich stehe nicht mit dir auf! Du stellst den Wecker, richtest deine Anziehkleider und kommst pünktlich in die Schule!"

So habe ich gelernt, mich selbst zu organisieren, die Zeit einzuplanen, Verantwortung für mich zu übernehmen. Um 6:30 Uhr klingelte der Wecker, ab ins Bad, danach die Siamkatze namens Mauntschele füttern, mein Müsli essen und zur Schule gelaufen. Von 1986 bis 993, da war ich zwischen sieben und 14 Jahre alt, habe ich bei meiner Cousine mit ihrem damaligen Freund in der Gaststätte mitgeholfen, Getränke auszuschenken, Flaschen aus dem

Keller zu holen, leere Flaschen hinunterzutragen, die Spülmaschine zu bedienen, das Geschirr vorher abzuspritzen, dann in die Maschine zu stellen und danach wieder aufzuräumen. Sie hatten oft Veranstaltungen, was für mich die schönste Zeit in meiner Kindheit war, und für die ich etwas Taschengeld bekam. Das alles bringt mir noch heute große Vorteile im Berufsleben.

In den Neunzigerjahren hat es angefangen, dass die Kinder über das ganze Jahr überschüttet werden mit Spielsachen. Es reicht, an Geburtstagen, zu Ostern und Weihnachten etwas zu schenken, da sie es dann mehr schätzen. Welche Auswirkungen hat es? Dass die Kinder nicht mehr wissen, womit sie spielen sollen, da es zu viel gibt. Zum anderen lernen sie es nicht, ihre Sachen zu schätzen, zu pflegen, ordentlich damit umzugehen, denn wenn etwas kaputt geht, wird etwas Neues gekauft.

Heute ist es kaum noch möglich, dass die Frauen daheimbleiben, da sich das Leben seit der Einführung des tollen Euro um 360° gewendet hat. Heute ist alles pures Chaos, nichts funktioniert mehr, weder die Erziehung der Kinder noch die Bildung im Kindergarten oder in der Schule. Heute ist vieles zerstört, die Zukunft für Jung und Alt ein großes Fragezeichen – begleitet von großen Ängsten.

Cindy Paver, *Drehbuchautorin und Schriftstellerin aus Markgröningen. Hobbys: ihre Colliehündin, Gedichte, Geschichten und Liedtexte schreiben, Singen und Tanzen.*

Nachwuchs mit magischen Kräften

Die Familien Llewellyn-O'Shea und Dawson können gemeinsam einen Ratgeber über die Erziehung von Kindern mit magischen Kräften schreiben, denn Thure Llewellyn-O'Shea und Frozen Dawson wurden mit magischen Kräften geboren. Beide sind acht Jahre alt, tragen aber zwei Kräfte in sich, die sich so voneinander unterscheiden wie Feuer und Wasser. Thure ist ein Skorpion von Ende Oktober. Er wurde mit einer allgemeinen Magie geboren. Mit dieser Magie kann er alles Mögliche heraufbeschwören, zum Beispiel leuchtende Seifenblasen, die in unterschiedlichen Farben leuchten und nicht platzen und er aus seinen Handflächen pustet, und einen rosafarbene Kaugummi, welchen er einfach aus seinen Handflächen zieht. Diese Seifenblasen und diesen Kaugummi mag er zurzeit sehr.

Oft passiert es, dass Thure sich irgendwo abstützt und der Kaugummi von selbst aus seiner Handfläche kommt. Dann kann Thure wie wild ziehen und ziehen, was dazu führt, dass er den Kaugummi noch länger macht und nicht von der Oberfläche der Sache bekommt.

In der Schule kann er das Ende des Kaugummis an seinem Tisch im Klassenzimmer befestigen und den Kaugummi bis auf die Jungentoilette ziehen – sehr zum Leid derjenigen, die den Kaugummi zu spät bemerken und in ihn hineinrennen und an ihm kleben bleiben. Doch so böse ist Thure nicht und macht so einen Scherz nicht.

Gerade steht Thure im Wohnzimmer und zeigt ein Kunststück. Er hält den Kaugummi in der Luft und schwenkt ihn wie ein Springseil. Die Seifenblasen pustet er durch die Mitte.

Da er dieses Kunststück noch nicht perfekt beherrscht, passiert es oft, dass die Seifenblasen gegen den Kaugummi prallen und voll auf Thures Nase landen. Das bringt Thures zwei Jahre jüngeren Bruder Thorben und Frozens ein paar Minuten älteren Zwillingsbruder

Olaf zum Lachen. Die beiden Jungen sitzen zu Thures Füßen auf dem Teppich und schauen begeistert zu Thure auf. Frau Llewellyn-O'Shea und Frau Dawson sitzen auf der Couch. Beide lächeln.

„Macht Thure gute Fortschritte mit seiner Kraft?", fragt Frau Dawson.

„Oh ja", erwidert Frau Llewellyn-O'Shea und zählt auf, was Thure inzwischen mit seiner Kraft noch machen kann außer Kaugummi und Seifenblasen. „Thure wird von keinem in seiner Familie dazu gezwungen, Fortschritte mit seiner Kraft zu erzielen. Wir alle ermutigt ihn dazu, seine Kraft zu erforschen, wann ihm danach ist, statt ihm vorzuschreiben, wie er mit seiner Kraft umgehen soll", fährt Frau Llewellyn-O'Shea fort.

Frau Dawson nickt. „Ich stimme vollkommen zu und habe großes Verständnis für diese Art von Erziehung von Kindern mit magischen Kräften", erwidert sie.

Beide Frauen werden traurig. Sie schauen zu Frozen, die steif bei der Tür steht. Zwar schaut sie Thure zu, wirkt aber kalt und traurig – und eifersüchtig. Sie ist ein Schütze, geboren Anfang Dezember.

„Wie geht es Frozen mit ihrer Kraft? Kommt sie gut mit ihrer Kraft zurecht?", fragt Frau Llewellyn-O'Shea leise.

Die Mutter von Frozen und Olaf seufzt schwer. „Frozen macht schon Fortschritte mit ihrer Kraft. Aber sie wirkt verbittert und ablehnend. Olaf hat mir unter Tränen erzählt, dass Frozen ihn heftig angefahren hat, er solle sie in Ruhe lassen, und sich so sehr wünschen, ihre blöde Kraft zu bekommen, wenn er ihre Kraft so sehr mag. Dann wäre sie diese Kraft endlich los. Als Frozen das zu ihrem Zwillingsbruder sagte, war mein Mann noch in der Arbeit und ich einkaufen", erzählt sie.

Thures Mutter schüttelt seufzend den Kopf. „Ich habe sehr großes Verständnis, dass Frozen frustriert ist über ihre Kraft und sie deswegen nicht annehmen und akzeptieren kann. Ich würde ebenfalls so reagieren, wenn ich mit so einer Kraft geboren worden wäre", meint sie.

Ist Frozens Kraft so schrecklich?

Thorben ist der Meinung, dass Frozen eine coole Kraft hat. Das zeigt er nach Thures Vorstellung. Thure beendet seine Vorstellung. Unter begeistertem Applaus verbeugt er sich. Frozen seufzt tief und schaut weg. Sie scheint verletzt zu sein.

Thorben rappelt sich auf und eilt zu ihr. „Jetzt führ mir bitte deine Kraft vor. Bitte!", bettelt er, ergreift ihre Hand und schüttelt sie.

„Ich … weiß nicht", sagt Frozen langsam. Es scheint sie zu verwirren und einzuschüchtern, dass der zwei Jahre jüngere Junge ihre Kraft sehen will.

„Komm, mach es im Garten!", zieht Thorben sie aufgeregt durch die Terrassentür in den hinteren Garten.

Thure, Olaf und die beiden Frauen folgen den beiden auf die Terrasse. Thorben zerrt Frozen zum Kirschbaum.

„Jetzt zeig mir deine Kraft!", bettelt Thorben und springt herum. Verunsichert schaut Frozen zu Thure und Olaf. Die beiden Jungs nicken ermutigend mit einem Lächeln. Das macht Frozen Mut. Sie formt mit ihren Händen einen Schneeball, der glitzert und hell leuchtet.

„Wow!", betrachtet Thorben mit großen Augen den Schneeball.

„Bereit?", fragt Frozen ihn.

Er nickt aufgeregt und grinst breit.

Sie wirft den Schneeball hoch in die Luft. Er explodiert wie ein Feuerwerk.

„Das ist so fantastisch!", jubelt Thorben laut. Während der Schneeball als Schneeflocken herunterfällt, tanzt er mit erhobenen Armen herum und ist total aus dem Häuschen. Mit großen Augen schaut er den Schneeflocken beim Runterfallen zu und versucht, sie zu fangen. Auch Thure und Olaf haben großen Spaß, tanzen herum und versuchen, die Schneeflocken zu fangen.

Vorsichtig berührt Frozen mit ihrem rechten Fuß den Rasen. Dieser verwandelt sich augenblicklich in eine glatte Eisfläche. Frozen zaubert für sich und die drei Jungs Schlittschuhe an die Füße. So laufen die vier im großen Garten von den Llewellyn-O'Sheas Schlittschuh bei warmer Frühlingssonne Mitte April und haben riesigen Spaß dabei. Frozen und Thorben sind Hand in Hand gelaufen und lassen sich jetzt los. Thorben wendet sich Olaf zu. Frozen prallt mit Schwung gegen Thure. Die beiden schauen sich überrascht an und dann mit geröteten Wangen zur Seite.

Sie lächeln verlegen. Die Mütter schauen den vieren von der Terrasse aus mit Tränen in den Augen und einem Lächeln zu.

„Ach, wie schön, dass Frozen ihre Kraft doch mag. Thorben schafft es jedes Mal, ihr zu zeigen, wie großartig ihre Kraft ist", seufzt Thures Mutter.

„Ja. Frozen kann den Winter mit ihrer Kraft in Frühling, Sommer und Herbst heraufbeschwören", sagt Frozens Mutter.

„Ich habe gehört, dass nächste Woche am Freitagnachmittag ein Treffen für Eltern mit magischen Kindern stattfindet. Ich dachte mir, dass wir mit unserem magischen Nachwuchs dorthin gehen können. Thorben und Olaf können mitkommen, wenn sie wollen", sagt Frau Llewellyn-O'Shea.

„Da gehen wir ganz sicher hin. Thorben wird ganz sicher mitkommen und bei den vielen magischen Kindern total aus dem Häuschen sein, das ist für mich felsenfest", erwidert Frau Dawson.

Eine Woche später gehen die beiden Frauen mit ihren Kindern und Ehemännern am Freitagnachmittag zum Treffen der Eltern mit magischen Kindern. Als Thorben von diesem Treffen hört, ist er Feuer und Flamme, mitzukommen. Er kann es kaum erwarten, dass die eine Woche endlich vorbeigeht und das Treffen stattfindet. Sogar jetzt zittert er vor Aufregung, als er mit Bruder, Mutter und den drei Dawsons den Bürgersaal betritt. Dort findet nämlich das Treffen statt. Er ist groß, sodass die magischen Kinder viel Platz zum Vorführen ihrer Kräfte haben. Zwei Mädchen und zwei Jungen sind mit Eltern und Geschwistern bereits anwesend. Kaum entdecken die Kinder die Neuankömmlinge, stürmen sie augenblicklich auf sie zu. Thure, Olaf, Thorben und Frozen werden von allen Seiten durchlöchert, wer sie sind, wie alt sie sind und mit welcher Kraft sie geboren wurden.

„Beruhigt euch doch, Kinder!", ruft einer der Väter.

Frau Llewellyn-O'Shea, Frau Dawson und ihre Ehemänner gehen zu den Erwachsenen. Der Junge mit der bronzefarbenen Haut, den dunkelbraunen Augen und den dunkelbraunen Haaren räuspert sich. „Ich mache den Anfang. Ich bin Aedan-Miguel und beherrsche von Geburt an das Feuer", stellt er sich vor und lässt zwei Feuerflammen auf seinen Handflächen erscheinen.

„Ich bin Brannagh und beherrsche von Geburt an die Luft", sagt der Junge mit aschblondem Haar und grauen Augen und lässt zwei Tornados auf seinen Handflächen erscheinen.

„Ich bin Alanah und beherrsche von Geburt an die Erde", sagt das blonde Mädchen mit den grünen Augen und lässt zwei Tornados aus grünen Blättern auf ihren Handflächen erscheinen.

„Ich bin Floraidh und beherrsche von Geburt an das Wasser", sagt zum Schluss das Mädchen mit den hellbraunen Haaren und hellbraunen Augen und lässt zwei Tornados aus Wasser auf ihren Handflächen erscheinen.

„Ich bin Thure und wurde mit allgemeiner Magie geboren", stellt Thure sich vor. Er legt seine Handflächen aneinander. Als er die Arme ausbreitet, zieht er den rosafarbenen Kaugummi auseinander. „Cool!", finden die vier Elemente-Kinder und ihre Geschwister und starren den Kaugummi begeistert und mit großen Augen an.

„Ich bin Frozen und beherrsche von Geburt an Schnee und Eis", schließt Frozen die Vorstellrunde ab.

Dass die anderen Kinder sich zuerst vorgestellt haben und sie zum Schluss drankommt, macht sie mutiger, sodass sie nun keine Angst mehr hat, den glitzernden Schneeball zwischen ihren Händen hervorzurufen und hoch in die Luft zu werfen.

Die anderen Kinder staunen nicht schlecht, als der Schneeball über ihren Köpfen explodiert und als viele Schneeflocken herunterfällt. Zuerst stehen die Kinder mit offenem Mund und großen Augen da und bewundern die Schneeflocken, während Thure, Frozen, Olaf und Thorben begeistert herumrennen und die Schneeflocken einfangen. Dann schließen die anderen Kinder sich den vieren an und rennen ebenfalls begeistert herum und fangen die Schneeflocken. Frozen verwandelt den Parkettboden des Bürgersaals in eine Eisbahn.

Den Bereich mit den Erwachsenen lässt sie aus. Sie zaubert sich selbst und den anderen Kindern Schlittschuhe an die Füße. So laufen die sechs magischen Kinder und ihre nicht magischen Geschwister freudestrahlend über das Eis. Die sechs magischen Kinder versuchen, ihre Kräfte rauszulassen, während sie über das Eis laufen. Eine Art Eiskunstlauf mit Magie. Die Geschwister jubeln vor Freude und haben viel Spaß beim Zusehen. Die Erwachsenen lächeln gerührt und schauen ihren Kindern zu.

„Dass unsere magischen Kinder ihre Kräfte rauslassen und dabei Spaß haben und auch ihren nicht magischen Geschwistern große Freude bereiten, rührt sehr das Herz!", findet die Mutter von Aedan-Miguel, eine Hand auf ihrem Herzen.

Die anderen Erwachsenen stimmen ihr zu. Eine Weile schauen sie den Kindern zu. Dann tauschen sie sich miteinander aus, wie es ist, magische Kinder zu haben, und geben sich gegenseitig Tipps und Ratschläge für die Erziehung von magischen Kindern und deren nicht magische Geschwister. Zum Beispiel darüber, wie sie ihre magischen Kinder erziehen, ohne dass sie sich zu etwas gezwungen und unter Druck gesetzt fühlen. Wie sie eine Balance zwischen den Magiekindern und ihre nicht magischen Geschwister bringen, damit die Geschwister nicht denken, dass sie es nicht wert sind, von Mama und Papa geliebt zu werden, und somit neidisch auf ihre magischen Geschwister werden und einen Hass gegen Geschwister und Eltern entwickeln. Wie sie damit umgehen, wenn Fremde ihnen Ratschläge zur Erziehung ihrer magischen Kinder geben wollen und ihre magischen Kinder wegen ihrer Kräfte diskriminieren. Besonders im Umgang mit Wutausbrüchen geben die Eltern sich gegenseitig Tipps und Ratschläge. Wenn ein magisches Kind einen Wutausbruch bekommt, kann es schlimm für alle Beteiligten enden.

Während die Kinder weiterhin voller Freude und Spaß über die Eisbahn laufen, schlägt Aedan-Miguel vor: „Wir sollten Freunde werden. Sicher können wir uns gegenseitig ermutigen und unterstützen mit unseren Erfahrungen und mit unseren Kräften fördern." Die anderen Kinder sind sehr begeistert von seinem Vorschlag. Während die magischen Kinder und ihre nicht magischen Geschwister über das Eis laufen, stellt Frozen ihren Zwillingsbruder vor. Das führt dazu, dass auch Thure seinen nicht magischen Bruder vorstellt und ebenso die anderen die vier Elemente-Kinder ihre nicht magischen Geschwister.

Catamilla *(eigentlich Natalie Camilla Katharina)* **Bunk** *wurde 1989 in Niederbayern geboren, wo sie heute noch wohnt. Wegen jahrelangem Mobbing in der Schule beschloss sie 2012, ihren dritten Vornamen Katharina anzunehmen, und wird weiterhin von Familie und Freunden Katharina genannt. Catamilla ist eine Mischung aus den drei Vornamen. Von Kindheit an hat sie eine blühende Fantasie. Das Interesse am Schreiben von Geschichten entwickelte die Autistin (die Diagnose Autismus erfuhr sie mit 21 Jahren) langsam ab der Hauptschule. Seitdem hinderte sie sich jahrelang daran, die Geschichten aus sich rauszulassen und aufzuschreiben, weswegen sie heute mehr Ideen, angefangene Geschichten und Textauszüge hat als aufgeschriebene Geschichten und noch keine Geschichte veröffentlicht hat. Bei Schreibwettbewerben hinderte sie sich beim Mitmachen. Auch beim „kindle storyteller award" hindert sie sich seit 2015 beim Mitmachen. 2015 begann sie mit dem Konzept für ihre Biografie, ließ es aber schnell fallen. 2015 und 2016 schrieb sie einige Gedichte ohne Reime, hat dies aber gleich fallen lassen und diese einigen Gedichte noch nicht veröffentlicht. Sie hat Zweifel, ob ihre Gedichte akzeptiert werden, weil diese keine Reime beinhalten. 2023 fasste sie den Mut und machte bei einigen Schreibwettbewerben mit. Ihre Geschichten spielen in einer komplexen Fantasywelt, die sie langsam genauer ausbauen will. Neben dem Schreiben von Geschichten gehören das Lesen von Büchern und das Ausmalen von Mandalas zu ihren Hobbys.*

Lust auf Frust?!

Kinder sind oftmals außer Rand und Band ...
Erzieher stehen immer wieder mit dem Rücken zur Wand.
Der Erwachsenen Erziehungsfrust
ist für Kinder eine freudige Lust!
Erwachsene zu ärgern,
sie so richtig zu verärgern,
macht ihnen einfach Spaß.
Unbändigen Spaß!
Diese Kinder bändigt keiner mehr.
Erziehungsregeln sowieso nicht mehr ...
Freiheit ist ja auch viel schöner!
Und Frechheit viel geiler!
Erziehung allzu oft versagt,
weil sie Kindern einfach nicht behagt ...
Erziehung bringt meist nicht viel.
Denn Kinder haben sofort den Gegenangriff zum Ziel.
Tohuwabohu!
Und Kinder sind megafroh!!!

Was soll's! Hauptsache, glückliche Kinder!

Kinder einfach Kinder sein lassen. Und sie sich auch mal so richtig ausgelassen austoben lassen. Denn Kinder müssen sich einfach ausprobieren und ihre Grenzen austesten, um ihren eigenen Weg gehen zu können.

Am hilfreichsten hierzu erscheinen erst mal der Laissez-faire-Erziehungsstil oder der antiautoritäre Erziehungsstil. Diese Erziehungsstile lockern Kinder nämlich auf, lassen sie die Welt entdecken und aus eigenen Erfahrungen lernen.

Ein strenger Erziehungsstil hingegen ängstigt und verängstigt Kinder viel zu sehr, frustriert sie sogar sehr. Denn Strenge schüchtert Kinder nur ein, macht sie ganz klein und bremst sie in ihrer Entwicklung aus. Aus Frust wird sich wohl keine Lebenslust entwickeln. Dann wird ja nie etwas aus ihnen, wenn sie ständig unterdrückt werden und nicht aus sich herauskommen dürfen.

Daher besser: Locker vom Hocker! Denn das macht richtig Bock aufs Leben! Irgendwie werden die Kinder sich im Laufe der Zeit dann schon selbst den Weg zu einem einigermaßen oder sogar weitgehend geregelten Leben ebnen. Das braucht einfach nur ein bisschen Zeit, viel Zeit sogar … Aber was soll's! Reifeprozessen muss man nun mal Zeit geben, sehr viel Zeit. Die Kinder einfach so annehmen, wie sie sind, und sich individuell entfalten lassen. Einfach ihren Lebensweg begleiten, dabei immer wohlwollend für sie da sein. Kindern muss man nämlich mit sehr viel Liebe und Verständnis begegnen und mit ihnen sehr behutsam umgehen, damit man nichts kaputtmacht – damit man sie nicht kaputtmacht zum Beispiel infolge unangemessener Erziehungsmaßnahmen. Daher lieber keine Erziehung als die falsche Erziehung!

Denn viel wichtiger als die beste Erziehung ist natürlich die Bereitstellung der bestmöglichen Grundversorgung! Damit Kinder keinen Mangel an Fürsorge und Liebe sowie an Aufmerksamkeit und Rückhalt erleiden und den bestmöglichen Start ins Leben haben. Eine gute Fürsorge ist sicherlich die halbe Miete für eine gute Erziehung und für ein gelingendes Leben der Kinder. Vor allem ist es wichtig: die Kinder immer zu lieben und zu ihnen zu stehen – ungeachtet aller Turbulenzen. Sie einfach aus Liebe lieben – aus bedingungsloser Liebe, die von Herzen kommt. Dann wird schon alles irgendwann irgendwie gut werden … Auch wenn die Jahre der Kindheit und vor allem die Jahre der Jugendzeit zunächst ziemlich turbulent verlaufen … Hauptsache, Lust und Freude am Leben!

Irgendwann werden die Kinder sich fangen. Und dann vielleicht sogar ein sehr vorbildliches Leben führen. Voller Freude am Leben! Voller Lust, nahezu ohne Frust. Dann werden sie auch mit frustrierenden Situationen besser umgehen können. Und den Weg zu einem erfüllenden und glücklich machenden Leben trotz aller Stolpersteine erfolgreich bewältigen. Sie werden ihr Lebensglück finden. Sie werden ihr Lebensziel erreichen. Sie werden ihr Lebensziel erreichen: Lust am Leben, Spaß am Leben zu haben! Großartige Lust statt schlimmem Frust! Einfach pure Lust am Leben empfinden! Und das Leben so richtig genießen ...

Was ist das nur für eine Erziehung? Was ist das für ein Erziehungsziel? Dies fragt sich jetzt vielleicht der ein oder andere. Doch klar ist: Gute Erziehung ist eine Herzensangelegenheit! Eine Frage der Menschenkenntnis! Aber keine Frage der Strenge. Streng erzogene Kinder wirken auf den ersten Blick vielleicht besser erzogen. Aber deswegen sind sie noch lange keine besseren Menschen… Gute Erziehung muss nämlich keine strenge Erziehung sein und sollte auch keine allzu strenge Erziehung sein!

Locker erzogene Kinder gehen nämlich gut gelaunt mit aller Leichtigkeit durchs Leben: total unbefangen, ganz aufgeschlossen und weltoffen. Sie wirken auf den ersten Blick vielleicht ziemlich respektlos, frech und ungezogen aufgrund ihres recht freien, ungehemmten Auftretens. Aber sie sind überhaupt nicht respektlos, weil sie die bunte Vielfalt des Lebens und Menschseins zu schätzen wissen. Sie haben eine sehr tolerante Einstellung. Sie nehmen das Leben, wie es kommt. Sie nehmen auch ihre Mitmenschen so an, wie sie sind – ohne sie verbiegen zu wollen. Sie gehen sehr respektvoll mit ihren Mitmenschen um und akzeptieren sie einfach. Locker Erzogene sind verantwortungsbewusste und recht autarke Persönlichkeiten, die friedlich und wohlwollend gesinnt mit ihren Mitmenschen umgehen. Sie sind flexibel in ihrem Denken wie Handeln, rücksichtsvoll und einfühlsam, stets gesprächsbereit und kompromisswillig. Sie sind sehr sanftmütige, sehr emotionale Persönlichkeiten, die dazu neigen, eher gefühlvoll ihr Leben zu leben und dabei ihre Entscheidungen sehr feinfühlig treffen. So sind sie sehr umgänglich und daher begehrte Kooperationspartner. Denn der Umgang mit ihnen ist sehr locker, angenehm und freundschaftlich – richtig

unproblematisch. Locker Erzogene sind unvoreingenommen, sehr offen und großherzig. Sie sind einfach und unkompliziert, sehr liebevolle und lebensbejahende Menschen. Gute Laune, Lebensfreude und Lebenslust versprühen sie nur so um sich herum. Sie blühen so richtig auf! Im Gegensatz zu den streng Erzogenen …
Lockere Erziehung verhilft also sicherlich eher zum Lebensglück als strenge Erziehung. Locker erzogene Kinder fühlen sich nämlich in der Regel sehr wohl und sind sehr zufrieden und glücklich, so frei leben zu dürfen – quietschlebendig in einer freien Welt frei aufleben zu dürfen.

Dagegen fühlen sich streng erzogene Kinder meist unwohl und sind äußerst unzufrieden mit ihrer undankbaren, sehr unbefriedigenden Lebenssituation. Sie sind ziemlich unglücklich und gefrustet, so unfrei in einer beschränkten Welt leben zu müssen. Wie in Gefangenschaft leben sie. Denn sie müssen quasi ein Leben wie eingesperrt in einer Käfigwelt führen – einer Welt vollgespickt mit Verboten und regelgebundenem Denken wie Handeln als Selbstverständlichkeit. Dazu müssen sie sich bei Regelverstößen auch noch vor brutalen Bestrafungsmaßnahmen fürchten. Von den Regelwerken und Regelwelten werden sie regelrecht erdrückt. Daher sehen sie ziemlich bedrückt aus. Sie blicken äußerst lustlos und freudlos drein, sind ziemlich verstimmt und traurig. Und natürlich sind sie sehr neidisch beziehungsweise eifersüchtig auf das nahezu vogelfreie Freiheitsleben der locker Erzogenen … Daher sind sie ihren freiheitsliebenden Mitmenschen gegenüber durchaus feindselig eingestellt, gar kriegerisch gesinnt. Sie sind bestrebt, diese rigoros zu maßregeln und zu züchtigen, um sie auf die Spur zu bringen. Sie versuchen, sich einfach in das Leben ihrer anscheinend nicht wohlgeratenen bzw. ihnen nicht wohlgefälligen Mitmenschen einzumischen und ihnen vorzuschreiben, wie sie zu leben haben. Und das alles nur, weil sie selbst nie ausbrechen und einfach mal ganz unbeschwert neben der Spur leben durften …

Streng erzogene Kinder vermögen vielleicht gut zu funktionieren, aber das macht sie noch lange nicht glücklich. Denn sie haben eine

Sache nie gelernt: zu leben! So richtig frei aufzuleben, ist für sie ein Fremdwort, ein absolutes No-Go. Sie wissen gar nicht, was es heißt, Lust am Leben, so richtig Lust aufs Leben zu empfinden beziehungsweise empfinden zu dürfen und einfach mal so neben der Spur zu leben.

Daher befinden sie sich auch nicht in der Lage, unbefangen mit Menschen und Situationen umzugehen. Sie sind viel zu voreingenommen. Ihnen fehlen einfach die Lockerheit, die Sanftmut und die Nachsicht und vor allem auch das Einfühlungsvermögen. Dadurch sind sie ziemlich unangenehm im Umgang und machen sich keine Freunde mit ihrem Verhalten. Sie sind ziemlich schlecht gelaunte, verbitterte, miesepetrige Persönlichkeiten: sehr griesgrämig und grantig, viel zu verschlossen und verklemmt, extrem engstirnig und stur, äußerst intolerant und respektlos. Man kann sie als regelrecht gefrustete Nörgler und rechthaberische Tyrannen beschreiben. Sie verlangen absoluten Respekt vor Regeln, vergöttern ihre Regelwelten und wollen diese mit aller Gewalt durchsetzen. Doch sie haben so gut wie keinen Respekt vor der Freiheit und vor der Vielfalt der Möglichkeiten sowie vor dem eigentlichen Leben und Menschsein. Streng Erzogene sind ziemlich unmenschlich. Denn sie haben nie gelernt, selbstständig zu denken und Einfühlungsvermögen zu entwickeln. Sie haben gar kein Gefühl dafür, ob es wirklich angemessen ist, immer vorgegebene Regeln anzuwenden. Oder ob es vielleicht doch mal viel besser wäre, nach einer kreativen Lösung für Probleme zu suchen oder alternativ auch mal über eine kritische Situation einfach mal hinwegzuschauen und ein Auge zuzudrücken.

Streng Erzogene sind sehr rationale Persönlichkeiten, die ihren Mitmenschen oftmals mit sehr viel Unverständnis begegnen und gefühlskalte Entscheidungen treffen. Sie lassen partout nicht mit sich diskutieren und gehen keine Kompromisse ein. Und das alles nur, weil sie zu stark an ihren Regelwerk-Konstruktionen bzw. an einem Schubladen-Denken orientiert sind und nie gelernt haben, verständnisvoll mit Menschen umzugehen. Sie haben nie gelernt, sich selbst zu entwickeln, zu sich selbst zu finden und durch eigene

Erfahrungen zum Urteilen zu kommen. Sie funktionieren einfach nur nach Vorgaben – wie eine Maschine.

Wer aber nur nach Vorgaben funktioniert und urteilt, versteht gar nicht, was er tut. Streng Erzogene führen ein von Regeln auferlegtes, fremdbestimmtes Leben und wissen noch nicht einmal so richtig, wer sie selbst sind. Vom Leben und Menschsein haben sie gar keine Ahnung (oder recht wenig). Wenn sie sich gar nicht ausleben können, können sie auch gar nicht wissen, was Lebenslust und wahre Lebensfreude sind – und vor allem natürlich: wie schön das Leben sein kann …

Strenge Erziehung ist also überhaupt nicht gut! Fürs Kindeswohl nicht gut! Und fürs Menschenwohl erst recht nicht gut! Strenge Erziehung verdirbt den Charakter eines Menschen. Streng Erzogene sind voller Frust. Sie werden unpersönlich zu einem zweckgebundenen Funktionieren erzogen und so um ihr Leben betrogen. Ein Recht auf ein eigenes, selbstbestimmtes und selbstgestaltetes Leben wird ihnen gar nicht erst zugestanden. Sie sind nicht sich selbst und sollen auch kein eigenes Ich und keine eigene Welt entwickeln dürfen. Streng Erzogene müssen sich daher also erst mal aus dem Gefängnis ihrer starren Strukturwelten befreien, um sich dem Leben und dem Menschsein öffnen zu können – um das Leben überhaupt zu entdecken, es kennenzulernen und es zu leben zu versuchen. Und das Leben und die Menschen wertschätzen zu lernen!

Zu viel Freiheit ist zwar auch nicht gut … Aber keine Freiheit ist gar nicht gut! Daher Kindern besser zu viel Freiheit schenken, als ihnen zu wenig oder gar keine Freiheit zuzugestehen. Denn nur Freiheit macht Lust und entfacht Lebenslust.

Aber ohne Lustempfinden auch kein Freiheitsdrang. Lust ist eine ganz wichtige Triebfeder des Lebens! Lust ist der Motor, der Antrieb des Lebens! Ohne Lust keine Freude. Ohne Lust aufs Leben, keine Freude am Leben! Und wahrscheinlich auch keine Freunde fürs Leben …

Und natürlich: Ohne Freiheit keine Lust aufs Leben! Denn Strenge engt Kinder nur ein, lässt sie verkrampfen und macht sie ganz mürbe. Und zieht schlechte Laune nach sich. Strenge hemmt, nimmt Freiheit und unterbindet so die freie Entfaltung. Die je individuelle Entfaltung der Kinder muss man aber fördern und begleiten, anstatt sie zu hemmen und sie zu unterbinden! Denn Kinder sind ständig auf dem Weg: sie entwickeln sich, sie werden sich selbst, bilden eine eigene Persönlichkeit aus und reifen allmählich zu den Erwachsenen von morgen heran. Da wird es normalerweise nie langweilig … Und es sollte auch nicht langweilig sein! Und auch nicht eintönig!

Optimal ist daher wohl ein gemäßigter Erziehungsstil: den Kindern nicht zu wenig, aber auch nicht zu viel Freiraum geben. Ein bisschen Führungshand brauchen die Kinder und Jugendlichen ja doch. Damit wenigstens etwas Struktur zur Orientierung vorhanden ist und es nicht ganz drunter und drüber zugeht. Aber es sollte nicht allzu streng zugehen und nicht zu viel Führung sein, damit ihnen noch ausreichend kreativer Spielraum zu Selbstgestaltungsversuchen in der Lebenswelt ihrer Zeitepoche zur Verfügung steht – in der Lebenswelt ihrer Zeit, in der sie sich selbst zunächst spielerisch zurechtfinden müssen und irgendwann ihren eigenen Weg gehen müssen.

Kindheit und Jugendzeit sollen schließlich eine möglichst bunt gefärbte wie schöne Lebenszeit sein, die Spaß macht und nicht allzu sehr frustet und belastet. Eine besondere Zeit, die in hoffentlich guter Erinnerung bleibt. Einfach Kindsein, Menschsein dürfen! Sich frei fühlen und sich ausprobieren dürfen. Nahezu unbeschwert durchs Leben wandeln. Und dabei auch noch so richtig Freude und Spaß am Leben haben!

Wie also am besten Kinder erziehen? Nicht nur mit Verstand, sondern vor allem auch mit ganz viel Herz! Damit aus ihnen gute, dankbare Menschen werden. Und sie zu herzensguten Erwachsenen heranreifen – zu zufriedenen, die Frieden in die Welt tragen.

Juliane Barth, Jahrgang 1982, lebt im Südwesten Deutschlands. Sie schreibt als Hobby seit jeher sehr gerne, u. a. Gedichte, Kurzgeschichten und Sachtexte. Veröffentlichungen in diversen Anthologien.

Mein Vater ... und ich

Erzählungen, Erinnerungen und Gedichte

Im Band „Meine Mutter ... und ich" haben wir Erinnerungen an unsere Mütter gepflegt oder „Danke" gesagt, das möchten wir nun auch allen Vätern zuteilwerden lassen. Auch das Anthologieprojekt „Mein Vater ... und ich – Erzählungen, Erinnerungen und Gedichte" lädt dazu ein, sich mit der Vater-Kind-Beziehung auseinanderzusetzen. Liebevoll oder kritisch, so wie eben die Beziehung ist oder war.

Das Buch ist ein tolles Geschenk zum Vatertag, aber auch zu vielen anderen Gelegenheiten. Und es bietet die Möglichkeit, noch nie Gesagtes aufzuschreiben. Der Band erscheint im April 2024.

Einsendeschluss ist der 31. März 2024

Verliebt ... Verlobt
Mörderische Liebesgeschichten

Für Mariella sollte ihr Hochzeitstag der schönste Tag in ihrem Leben werden. Seit Mädchentagen hatte sie von einer Hochzeit in Weiß geträumt. Doch den passenden Mann fürs Leben zu finden, war für das schüchterne, unscheinbare Mädchen gar nicht so einfach gewesen. Kein junger Mann aus ihrem Umfeld interessierte sich für sich. Bis zu dem Tag, an dem Paolo in Mariellas Leben trat.

Wer nun Böses ahnt, der liegt ganz richtig ... nicht umsonst trägt dieses Buchprojekt den Untertitel „Mörderische Liebesgeschichten". .

Einsendeschluss ist der 15. Dezember 2023

Unser Buchtipp
Kreatives Schreiben für Kinder

ISBN: 978-3-99051-165-7
ISBN: 978-3-99051-167-1

In den vorliegenden Arbeitsbüchern „Kreatives Schreiben - Religion" und „Kreatives Schreiben - Märchen" geht es darum, Kinder und Jugendliche zum Schreiben zu motivieren. Denn die Lese- und Schreibkompetenz ist die wichtigste Kompetenz, um Wissen zu erlangen, egal, in welchem Bereich man Wissen erwerben möchte.

Kreatives Schreiben spornt darüber hinaus die eigene Fantasie an, etwas, das in einer Zeit von Internet und Spielekonsole leider nur allzu oft verloren geht. Den ersten Schritt zu machen, einen „Schreibgrund" zu finden, eine kleine Anleitung für die ersten Geschichten zu erhalten, das ist es, was wir mit diesen ersten Büchern der Reihe „Kreatives Schreiben für Kinder" bewirken möchten.

Deshalb geben wir Kindern Bilder, Erzählanfänge, Sätze und Wörter an die Hand, an denen sie sich orientieren können bei ihren ersten eigenen Geschichten.

Jedes Buch hat 62 Seiten und kann über den Verlag und den Buchhandel bestellt werden. Autorin ist Nanja Holland.

Wünsch dich ins Wunder-Weihnachtsland

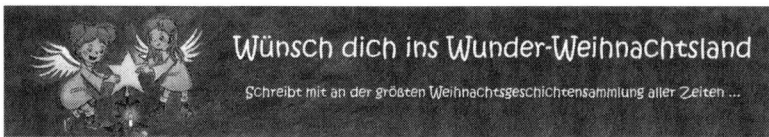

Schreibt mit an der größten Weihnachtsgeschichtensammlung aller Zeiten:

Seit zwölf Jahren sammeln wir mit unseren Wunder-Weihnachtsland-Büchern Geschichten, Märchen, Erzählungen, Haikus, Gedichte ... rund um die schönsten Tage des Jahres – die Advents- und Weihnachtszeit. Hunderte von Texten haben uns in den Jahren erreicht – lustige und besinnliche, heitere und nachdenkliche.

Wenn wir alle Geschichten zusammenfassen, haben wir sicherlich eine der größten Weihnachtsgeschichtensammlungen aller Zeiten für kleine und große Leser zusammengetragen. Und wir schreiben weiter am Wunder-Weihnachtsland – 365 Tage im Jahr.

Einmal im Jahr – immer Anfang November – geben wir ein neues, gedrucktes Buch „Wünsch dich ins Wunder-Weihnachtsland" heraus. Alle Bücher gibt es mit der Veröffentlichung auch als E-Book.

Weitere Infos unter:

www.wuensch-dich-ins-wunder-weihnachtsland.de

– Anzeige –

Ferienwohnung Drachennest

Feldkirch / Österreich

Ländlich idyllisch und dennoch stadtnah zentral in Feldkirch-Tosters gelegen, nur einen Steinwurf entfernt von der Schweizer und Liechtensteiner Grenze, finden Sie unsere Ferienwohnung Drachennest, den idealen Rückzugsort vom Alltag. Genießen Sie unsere wunderschöne Ferienregion Vorarlberg in Österreich abseits der Hektik der großen Touristikgebiete.

Brechen Sie zu einmaligen Wanderungen und Radtouren auf – entlang des Rheins zum Bodensee oder entlang der Ill mitten hinein in die Berglandschaft des Ländles. Gut ausgebaute Radwege ermöglichen ein stressfreies Radeln, auch für wenig trainierte Radfahrer, da es auf diesen Wegen nur sehr leichte Steigungen gibt.

Starten Sie die schönsten Motorradtouren in die Alpen direkt vor unserer Haustür. Gerne geben wir Ihnen Tipps für tolle Tagestouren, da wir selbst begeisterte Motorradfahrer sind.

Skifahren? Kein Problem? Erreichen Sie die schönsten Skigebiete Vorarlbergs bequem mit öffentlichen Verkehrsmitteln oder mit Ihrem eigenen Fahrzeug.

Gerne begrüßen wir Sie gemeinsam mit Ihrem Haustier in unserer schönen Ferienwohnung in Feldkirch-Tosters. Und sollten Sie an einem Buch schreiben, so stehen wir Ihnen auf Anfrage gerne hilfreich zur Seite.

Information und Buchung:

www.drachennest.at

– Anzeige –

Redaktions- und Literaturbüro - Pressearbeit seit 1989

Wir helfen Ihnen, Ihr Buchprojekt umzusetzen!

Kompetent und nach Ihren Wünschen

In den zurückliegenden Jahren haben wir für zahlreiche Autor*Innen sowie Institutionen, Schulen und Vereine private Buchprojekte umgesetzt, also Bücher, die nicht für den Buchhandel, sondern ausschließlich für den privaten Vertrieb oder Bedarf produziert wurden.

Wenn Sie Interesse haben, Ihre eigenen Geschichten einmal in einer Monografie zusammen gedruckt zu sehen – als Geschenk, für eine bestimmte Veranstaltung oder aber nur zur eigenen Freude, dann sprechen Sie uns an.

So können wir für Sie ein Taschenbuch mit bis zu 100 Seiten in schwarz-weiß mit einer Auflage ab 30 Exemplaren bearbeiten, layouten und drucken – der Preis pro Buch liegt bei 10,90 Euro (zzgl. Versandkosten). Preise für gebundene Bücher und Bücher mit mehr Seiten oder in Farbe auf Anfrage.

Unsere weiteren Literatur-Dienstleistung:
- Lektorat
- Buchsatz
- E-Book Erstellung
- Ghostwriting
- Mein Trauerbuch
- Biografiearbeit

Schreiben Sie uns!
cat@cat-creativ.at
CAT creativ - www.cat-creativ.at

Printed by Amazon Italia Logistica S.r.l.
Torrazza Piemonte (TO), Italy

54285696R00075